Martha Schad

Die berühmtesten Frauen der Weltgeschichte

Von der Antike bis zum 17. Jahrhundert

marixverlag

Bibliografische Information der Deutschen Nationalbibliothek
Die Deutsche Nationalbibliothek verzeichnet diese Publikation in der Deutschen
Nationalbibliografie; detaillierte bibliografische Daten sind im Internet über
http://dnb.d-nb.de abrufbar.

5. Auflage 2014

© by marixverlag in der Verlagshaus Römerweg GmbH, Wiesbaden
Lektorat: Kerstin Groß, Mainz
Korrektorat: Ortrun Cramer, Wiesbaden
Covergestaltung: Thomas Jarzina, Köln
Bildnachweis: akg-images GmbH, Berlin
Satz und Bearbeitung: C&H Typo-Grafik, Miesbach
Gesetzt in der Palatino Linotype
Gesamtherstellung: CPI books GmbH, Leck – Germany

ISBN: 978-3-86539-930-4

www.marixverlag.de

Inhalt

5

VORWORT

Die Frauen dieser Welt haben eine Geschichte.

Es war die Schriftstellerin Christine de Pisan, die in ihrem »Buch von der Stadt der Frauen« auf die Ungleichheit zwischen dem Frauenbild, wie es Männer zeichneten, und ihrer eigenen Wahrnehmung hinwies. Ihre Meinung stand gegen die der Männer, »dass nämlich Frauen sich in ihrem Verhalten und ihrer Lebensweise zu allen möglichen Formen des Lasters neigen«, und somit nicht als gleichwertige Personen akzeptiert werden können. Da Christine de Pisan diese Dinge sehr beschäftigten, machte sie sich daran, sich selbst und ihr Verhalten als Wesen weiblichen Geschlechts zu prüfen. In ähnlicher Weise diskutierte sie auch mit anderen Frauen und welche Frau sie auch befragte, sie fand keinerlei Anhaltspunkte für solch abschätziges Urteil.

Bis ins 19. Jahrhundert wurden Frauen über ihre Beziehung zu den Männern definiert. Frauen wurden von der Geschichtsschreibung nur als Tochter ihres Vaters, Frau ihres Ehemanns oder als Schwester ihres Bruders wahrgenommen. Als Frau geboren zu sein, bestimmte in erster Linie die Erfahrungen. Die wichtigste Funktion und Rolle einer Frau wurden von der Familie diktiert, ihre vorherbestimmten, biologisch angemessenen Aufgaben waren das Aufziehen der Kinder und Führen des Haushalts. In Ausnahmefällen zeigt sich, dass Frauen mit einer zahlreichen Kinderschar auch noch ein Studium schafften, politisch tätig waren oder sich für Arme einsetzten. Es gab auch eine Heldin, die als Spiegelbild von einem Helden geschaffen wurde.

Erst mit der aufkommenden Industrialisierung, der Frauenvereine und des Frauenwahlrechts griffen die alten Verhaltensmuster immer weniger. Mit der Neuzeit, dem entstehenden Kapitalismus und der Industrialisierung begann eine neue, veränderte Phase der gesellschaftlichen Unterdrückung der Frauen. Doch die Frauen kämpften um die politische und soziale Selbstbestimmung und zeigten ihre Auflehnung gegen die nur halb vollzogene Aufklärung.

Schon vor Jahrhunderten waren es weibliche gekrönte

Häupter, die den Gang der Politik bestimmten, als »Gleichberechtigung« noch ein Fremdwort war. Es gab durchaus Königinnen, die in Eigenverantwortlichkeit regierten, Frauen, die Freude an der Macht hatten und zudem politischen Einfluss suchten, Frauen, die an den Schranken rüttelten, die ihnen jahrhundertelang durch das Patriarchat gesetzt worden waren. Es gab auch Frauen, die besonders herausragend waren und nicht typisch für ihre Epoche. Eine Frau aus einer christlichen Familie konnte in einen religiösen Orden eintreten oder sogar selbst einen Orden gründen. Erfreulicherweise sind Frauen nachweisbar, die so begabt waren, dass sie ihr Talent ausleben konnten.

Inzwischen haben Historikerinnen und Historiker sich speziell mit der Geschichte der Frauen auseinander gesetzt. Doch bis in unsere Zeit gibt es einiges zu hinterfragen. Wie war es möglich, dass die Frauen – in den Worten des UNO-Berichtes von 1985 zum Jahrzehnt der Frauen – »die benachteiligte, unsichtbare Mehrheit« geworden waren?

Im 19. Jahrhundert schrieb die deutsche Frauenrechtlerin Minna Cauer, als sie das Leben der Frauen um 1880 erforschte: »Oft war ich so tief bestürzt,durch die Geschichte der Frauen, dass ich nicht weiter lesen wollte. Und dann wiederum schien alles wunderbar, denn ich sagte mir: Wenn all das Wohltätige und all das Schreckliche, was Frauen in der Welt getan haben, in die Geschichte mit einbezogen würde, wie anders müsste die Geschichte sein und scheinen!«

Diese folgenden 50 Lebensbilder sollen dem Leserpublikum von heute, die nicht selbstverständlichen Möglichkeiten der Lebensgestaltung und Selbstentfaltung für Frauen und von Frauen zu ihrer jeweiligen Zeit näher bringen.

Die Geschichte der Frauen kennen zu lernen, verändert auf jeden Fall den Blick auf die Vergangenheit und Gegenwart.

KAISERIN HELENA

* 255 in Drepanon (Helenapolis)
† 330 in Nikomedien (Izmid)

Römische Kaisermutter

>*»Die gottgeliebte Mutter des gottgeliebten Kaisers.«*

Schon zu ihren Lebzeiten wurde die Kaiserin Helena (eigentlich Flavia Julia Helena) als edle Mutter und fromme Christin, als »Bekehrerin des Abendlandes« verherrlicht.

Helena, Tochter eines heidnischen Schankwirts und somit von niederer Herkunft, wurde die erste Frau des späteren Kaisers Constantius I. Chlorus (250–306), der sie jedoch eines Tages verstieß, um eine ebenbürtige und legitime Ehefrau, nämlich Theodora, Tochter des älteren Kaisers Maximian, zu nehmen. Constantius Chlorus wurde von Maximian adoptiert und 293 im Rahmen der Tetrarchie zum Caesar (Unterkaiser) ernannt.

Aus der Beziehung zwischen Helena und dem Kaiser stammt der 280 geborene Sohn Konstantin, der als »der Große« in die Geschichte eingehen sollte. Nach dem Tod von Constantius Chlorus übernahm sein Sohn Konstantin das Heer des Vaters und wurde 306 zum Kaiser ausgerufen. Nach seinem Regierungsantritt holte er seine Mutter Helena nach Trier.

Helena hatte sich 312 zum Christentum bekehren und taufen lassen. Sie hatte als Christin großen Einfluss auf die Einstellung ihres Sohnes zum Christentum. Der Kaiser überschüttete seine Mutter mit Ehren: Sie erhielt eine Wohnung im Palatium Sessorianum in Rom, wurde »nobilissima femina« genannt und später zur Augusta erhoben (325).

Konstantin der Große verlieh seiner Mutter darüber hinaus das Recht, Münzen zu prägen und über den kaiserlichen Schatz zu verfügen. Im Jahr 326 kam es zur Tragödie in der kaiserlichen Familie. Konstantin ließ seine Ehefrau Fausta wegen des angeblichen Ehebruchs mit seinem aus einer früheren Ehe stammenden Sohn Crispus im Bad ersticken. Helena soll an diesem fürchterlichen Geschehen nicht unschuldig gewesen sein.

9

Die wichtigste, weil zeitgenössische Quelle, die Konstantinbiographie des Bischofs Eusebios von Caesarea (gest. 339), erwähnt Helena im Zusammenhang mit den konstantinischen Kirchenbauten im Heiligen Land: Er berichtet von der Reise, welche die Kaiserinmutter»… trotz ihres hohen Alters« durch die östlichen Provinzen unternahm, um sie »mit kaiserlicher Fürsorge zu besuchen.« Helena soll im Traum den göttlichen Befehl erhalten haben nach Palästina zu reisen, die heiligen Stätten zu finden und würdig auszugestalten. Sie wollte »die Fußspuren des Erlösers« verehren. Die Suche nach dem Grab Jesu war schließlich von Erfolg gekrönt. Es wurden drei gut erhaltene Kreuze gefunden, die mehr als 300 Jahre alt gewesen sein könnten. Bischof Makarios I. von Jerusalem bezeugte diese Kreuzauffindung, und auch Cyrill von Jerusalem bestätigte das wahre Kreuz und das heilige Grab. Über dem Grab und der Kreuzauffindungsstelle ließen Helena und ihr Sohn Konstantin eine Basilika errichten, die so genannte Grabeskirche. Auch die Geburtskirche in Bethlehem und die später zerstörte Eleona-Basilika auf dem Ölberg gehen auf Helena zurück. Die heilige Helena gilt ebenfalls als Gründerin vieler anderer Kirchenbauten in und um Jerusalem.

Nach der Auffindung des Kreuzes fand Helena auch noch die Nägel, mit denen Christus ans Kreuz geschlagen wurde. Von diesen Nägeln ließ sie für ihren Sohn einen in ein Diadem und einen weiteren in Pferdezügel einarbeiten. Welch hohen Stellenwert Ambrosius Helena mit der Kreuzauffindung zuweist, zeigt sich daran, dass er sie an mehreren Stellen in direkter Beziehung zu Maria sieht: »… Maria ward heimgesucht zur Erlösung der Eva, Helena ward heimgesucht zur Erlösung der Kaiser.«

Eine der sieben römischen Pilgerkirchen, Santa Croce in Gerusalemme, ist auf Bitten Helenas von ihrem Sohn errichtet worden. Die Kirche galt als Aufbewahrungsort des von Helena aufgefundenen Kreuzes Christi. Heute geht man von der unterirdisch gelegenen Helenakapelle in die Reliquienkapelle, die einige Kostbarkeiten birgt, nämlich drei Bruchstücke des Heiligen Kreuzes, zwei Dornen der Dornenkrone Christi, einen Kreuznagel, ein Stück der Inschrifttafel des Kreuzes (INRI) sowie den Finger des »ungläubigen« Thomas.

Eher legendär im Zusammenhang mit Helenas Reise ist die

Auffindung und Mitnahme der Reliquien der Heiligen Drei Könige. Zunächst waren die fraglichen Objekte im Familienbesitz und wurden später an Bischof Eustorgius verschenkt. Für gewisse Zeit kamen sie dann nach Mailand, bis sie von Kaiser Friedrich Barbarossa nach Köln in den Dom verbracht wurden, wo sie sich noch heute befinden.

Eine der bekanntesten Darstellungen der heiligen Helena befindet sich an einem der vier Hauptpfeiler der Kuppel des Petersdoms. Eine 1639 geschaffene monumentale Statue von Andrea Bolgi zeigt Helena mit dem Kreuz Christi. Darüber befindet sich eine Kapelle mit Balkon, in die 1629 auf Weisung des Barberini-Papstes Urban VIII. das größte in Rom noch erhaltene Stück des Kreuzes aus der Kirche Santa Croce in Gerusalemme übertragen wurde.

Helena starb am 18. August 329 in Nikomedia (Izmid) und somit ist dieser Tag auch ihr Festtag. In der Ostkirche wird der Gedenktag Helenas gemeinsam mit dem ihres Sohnes Konstantin am 21. Mai begangen. Die Beisetzung fand in der ursprünglich für Konstantin selbst errichteten Grabrotunde am Ostende der Märtyrerbasilika SS. Petro et Marcellino (erbaut um 320) an der Via Labicana außerhalb Roms statt. Der Leichnam Helenas soll dann von ihrem Sohn nach Konstantinopel gebracht und im 9. Jahrhundert in die Benediktinerabtei in Hautvillers überführt worden sein, wo ihr Haupt verehrt wird.

Im 12. Jahrhundert kamen Reliquien der Helena in die Kirche Santa Maria in Aracoeli auf dem Kapitol in Rom, wo ihr eine kleine, achtsäulige Kapelle geweiht ist. In dem zierlichen Grabmal wurden in einer Porphyr-Urne Helenas Reliquien aufbewahrt. Heute befindet sich der Porphyrsarkoph, in dem sie bestattet wurde, im Museo Pio-Clementino (Vatikanische Museen) in Rom.

Auch die Städte Hautvillers, Paris sowie Trier beanspruchen Reliquien von Helena zu haben. Sie gilt nicht nur als die legendenhafte Gründerin der Trierer Bischofskirche, sondern auch als Stifterin ihrer wichtigsten Reliquien. So soll sie sowohl einen der bei Ambrosius erwähnten Kreuzesnägel als auch den »Heiligen Rock«, in dem man das, in der Bibel ausdrücklich genannte, ungeteilte Untergewand Christi sieht, als Geschenk an Bischof Agritius nach Trier gesandt haben. Die Heilige selbst wird als Gründerin und Stifterin der Hauptreliquien zu der zentralen Gestalt der Trierer Bischofskirche und macht diese so zum Zentrum der Helenaverehrung in dieser Stadt.

Helena ist die Patronin der Städte Frankfurt, Pesaro und Ascoli sowie der Bistümer Trier, Bamberg und Basel. Sie gilt als Schutzheilige der Färber, Nadler und Schatzgräber der Bergwerke, als Schutzpatronin gegen Blitz und Feuer, zur Auffindung verlorener Gegenstände und zur Aufdeckung von Diebstählen. Helena wurde auch die Schutzpatronin der Nagelschmiede angesichts der Auffindung der Kreuznägel Christi, von denen einer im Bamberger Dom, einer in der Heiligen Lanze zu Wien und ein weiterer in der römischen Kirche Santa Croce in Gerusalemme verehrt wird.

IULIA AURELIA ZENOBIA

* um 250
† nach 274

Königin von Palmyra in Syrien

*»Man spricht mit Verachtung von dem Krieg, den ich gegen
ein Weib führe, aber man kennt weder die Macht noch den
Charakter Zenobias.«*

(KAISER AURELIAN)

Palmyra, ein kleines Reich in der syrischen Wüste, gehörte
offiziell zum römischen Weltreich, gab sich aber sehr unabhän-
gig. Die Bevölkerung lebte vom Handel und ihre Karawanen
reisten von Indien bis Rom. Zenobia war die zweite Gemahlin des Stadtfürsten von Palmyra, Septimius Odaenathus, der
in der Schwächeperiode der Soldatenkaiserzeit subsidiär für
die römische Zentralgewalt den Kampf mit den persischen
Sassaniden führte. Diese Zeit der Soldatenkaiser verkörperte
auf weiblicher Seite die Gestalt der Zenobia. Sie stellte mit ihrer Existenz ein Bindeglied zwischen früheren Erscheinungen
weiblicher Herrscherinnen, den severischen Kaiserinnen und
den christlichen Kaiserinnen der frühbyzantinischen Epoche
dar.

Da Zenobias Ehemann zu mächtig geworden war, ließ ihn
Kaiser Gallienus im April 267 ermorden. Daraufhin trat seine
Frau, Iulia Aurelia Septimia Zenobia, Tochter des Iulius Aure-
lius Zenobius, seine Nachfolge an, zunächst als Regentin für
den Sohn Vaballathus Athenodorus.

Zenobias Tatendrang war unerschöpflich. Sie hatte sich
vorgenommen, den Ostteil des Römischen Reiches unter ihre
Gewalt zu bringen und erwies sich als gefährliche Gegnerin
Roms. Sie drang bis Ankyra vor, nahm Arabien ein und ero-
berte einen Teil von Mesopotamien.

Im Jahr 269 befahl sie ihrer starken Armee unter dem Feldherrn Zabdas die Eroberung Ägyptens. Der ägyptische Vize-
könig wurde erschlagen, und das Niltal, die größte Getreide-
kammer Roms, kam in Zenobias Hand. Der römische Kaiser

war daraufhin gezwungen, die neue Machtstellung Zenobias vertraglich zu fixieren.

Nach dem Regierungsantritt Kaiser Aurelians (270) betrieb Zenobia die vollständige Loslösung des Palmyrischen Reiches von Rom durch die Annahme der Titel »Augusta« und »Augustus« für sich beziehungsweise ihren Sohn.

Palmyra, geschmückt mit prächtigen Tempeln und Säulenstraßen, wurde unter Zenobia zur kulturellen und wirtschaftlichen Metropole des Orients. Die Herrscherin war eine vielseitig gebildete Frau, die fließend Latein, Griechisch, Syrisch und Ägyptisch sprach, Homer und Platon las und selbst eine Geschichte des Orients verfasst hatte. Sie beschäftigte sich mit Naturwissenschaften und Geschichte. In Edessa (heute in Griechenland) gründete sie eine Schule für griechische Medizin.

An ihrem Hof wirkte unter anderen der Neuplatoniker Cassius Longinos. Dieser war von 250–267 Schulhaupt der Akademie in Athen und fungierte ab 267 als Erzieher der Söhne Zenobias. Longinos, der Zenobia sehr gedrängt hatte, die Autonomie für Palmyra zu erreichen, wurde von Kaiser Aurelian allerdings um 270 aufgrund seiner politischen Agitation hingerichtet. Zenobia pflegte Beziehungen zum Bischof von Antiochia, Paulus von Samosata. Auch Manichäer besuchten ihren Hof in Palmyra.

Ihre schlichte, tugendhafte Lebensführung sicherte ihr die Ergebenheit ihrer Truppen und ihrer Berater. In der Kleidung und im Hofzeremoniell bevorzugte sie persische Vorbilder.

Zenobia – oder Bat-Zabbai, wie die Araber sie nannten – klug und schön, war ethnisch Araberin. Wie ihre und ihres Mannes lateinische Namen zeigen, stammten sie aus einer romanisierten Familie. Dementsprechend war ihre gesamte Politik, auch wenn sie sich von Rom wegentwickelte, römisch stilisiert. Das Beamtenwesen war römisch organisiert, die Münzen waren römischen Typus', und Zenobias Separatismus besonderer Art drückte sich darin aus, dass sie sich den römischen Titel »Augusta« auf Griechisch zulegte. Das palmyrenische Großreich, das sie sicherlich anstrebte, wäre ein römischer Staat gewesen.

In ihrer Politik wollte sie an jene der großen Kleopatra anknüpfen. Sie beanspruchte, von Kleopatra abzustammen, nahm sogar deren Namen an und erneuerte eine von deren

Inschriften. Sie hat möglicherweise versucht, in dieser Eigen-
schaft als ptolemäische Königin die berühmten Memnonsko-
losse in Theben wiederherzustellen, zwei knapp 18 Meter hohe
Sitzfiguren.

Im Frühjahr 272 eröffnete Kaiser Aurelian schließlich einen
Feldzug gegen Zenobia. Sie musste daher zur offenen Usur-
pation schreiten und ihren Sohn zum Augustus und sich zur
Augusta (Kaiserin) ausrufen. In zwei Schlachten bei Antiochia
(Immae) und Emesa besiegte Aurelian die Truppen des pal-
myrenischen Teilreiches. Im August 272 nahm er schließlich
die Oasenstadt Palmyra ein. Der Kaiser schrieb an den Senat:
»Man spricht mit Verachtung von dem Krieg, den ich gegen
ein Weib führe, aber man kennt weder die Macht noch den
Charakter Zenobias – die Furcht vor Strafe hat ihr den Mut der
Verzweiflung gegeben.«

Auf der Flucht zu den Persern geriet die einst so überra-
gende und schöne Herrscherin am Euphrat in römische Gefangenschaft, wurde in Emesa vor Gericht gestellt und dann
nach Rom gebracht.

Der Kaiser inszenierte dort ein demütigendes Schauspiel:
Er führte Zenobia und ihre beiden Söhne, zusammen mit dem
gallischen Usurpator Tetricus I., in goldenen Ketten gefesselt
vor seinem Triumphwagen durch die Stadt. Danach wurde sie
angeblich noch einige Jahre in Rom gefangen gehalten. Nach
der Historia Augusta heißt es aber auch, dass sie in Hadrians
Villa in Tivoli ihr Leben beschlossen haben. Der um 500 n. Chr.
lebende Historiker Zosimos berichtet allerdings, die Königin
habe auf dem Transport nach Rom jegliche Nahrung verwei-
gert und sei dabei gestorben.

Zenobia – als »Kaiserin des Ostens« trug sie Purpurmantel
und Diadem und zeigte sich ihrem Heer in Panzer und Gold-
helm. Königin Zenobia sagte über ihr Leben: »Ich vergrößerte
mein Reich noch mehr, nicht so sehr durch Gewalt als durch
den Ruf einer gerechten und staatsmännischen Lenkung, die
alle Menschen in eine solche Bewunderung versetzte, dass
einzelne unserer Feinde sich entschlossen, lieber untertänig zu
bleiben, als in ihr eigenes Land zurückzukehren!«

HEILIGE URSULA

* im 3. Jahrhundert in England
† 3./ 4. Jahrhundert in Köln

Märtyrerin

> *»Ursula ora pro nobis.«*

Die ersten Zeugnisse einer Ursulaverehrung stammen aus dem 8. Jahrhundert. Allerdings geht die Legende von den jungfräulichen Märtyrerinnen auf eine Inschrift in der Ursulakirche aus dem 5. Jahrhundert zurück. Sie besagt, dass der vornehme Römer Clematius an dieser Stelle eine Basilika zu Ehren eines Martyriums von Jungfrauen errichtet hatte. Der Name Ursula verknüpft sich erst spät mit dieser Überliefung. Nach der so genannten ersten Passio »Fuit tempore pervetusto" von 969/976 ist insbesondere die Legendenversion der zweiten Passio »Regnante Domino" aus dem späten 11. Jahrhundert für die Verehrung der heiligen Ursula im Mittelalter bedeutsam.

Unter der Bedingung, dass er sich taufen ließe und drei Jahre wartete, willigte die britannische Prinzessin Ursula, einzige Tochter des Königs Denotius, in die Heirat mit dem heidnischen Königssohn Aetherius ein. Nach einer Vision sollte Ursula zuvor mit ihren 11.000 Jungfrauen eine Pilgerreise nach Italien unternehmen. Die Annahme, es habe sich bei Ursulas Begleiterinnen um 11.000 Jungfrauen gehandelt, verbreitete sich schon im 10. Jahrhundert aufgrund eines Lesefehlers. Diese erhielt zusätzliche Nahrung, als bei der Erweiterung der Kölner Stadtmauer, Anfang des 12. Jahrhunderts, in der Nähe der St. Ursula Basilika ein römisches Gräberfeld entdeckt wurde. Die große Zahl der Gebeine auf dem »ager Ursulanus" schien die Legende von den 11.000 Märtyrerinnen zu bestätigen, und die Vielzahl der Reliquien, die nun von Köln aus in alle Welt gingen, trug erheblich zur Popularität der heiligen Ursula bei.

Ursula und ihre Gefährtinnen gelangten auf ihrer Schiffsreise zunächst nach Köln und dann nach Basel. Von hier aus zogen sie zu Fuß nach Rom. Auf ihrem Rückweg schloss sich ihnen auch Papst Cyriacus an. Mit seinen Familienangehörigen kam ihnen der getaufte Aetherius entgegen.

Weiter wird erzählt, dass Ursulas Bräutigam damals vom Kaiser ein Stück Land geschenkt bekommen hatte, die heutige Bretagne. Während der Reise erschien Ursula ein Engel und weissagte ihr, bei der Rückkehr nach Köln würden sie und alle ihre Begleiterinnen den Märtyrertod erleiden. Und wirklich: Colonia war von Hunnen belagert. Die wilden Horden ermordeten Ursulas Begleiterinnen auf brutale Weise. Als sich Ursula dem Hunnenfürsten verweigerte, wurde auch sie selbst getötet. Darauf erschien eine Schar von elftausend Engeln, welche die Hunnen in die Flucht schlug.

Zum Dank für die Befreiung errichteten die Bürger Kölns der heiligen Ursula eine Kirche. Anfang des 12. Jahrhunderts entstand die Emporenbasilika, die noch immer Grundbestandteil des heutigen Kirchenbaus Sankt Ursula ist. Die Grabkapelle der Heiligen befindet sich im nördlichen Querschiff. In weißem Alabaster gemeißelt ruht Ursula wie schlafend auf einem schwarzen Marmorgrabmal. Im Unterbau erblickt man durch drei große Öffnungen einen gotischen Sarkophag. Dieses Kunstwerk wurde Ende des 17. Jahrhunderts wieder aufgefunden. Hinter dem Hauptaltar steht der kostbare Ursula-Schrein, den die Kölner Goldschmiede Hermeling und Wüsten um 1880 neu gestalteten. Er stammt ursprünglich aus dem Jahr 1156. Die Märtyrerin Ursula steht am Schrein zwischen den beiden Erzengeln Michael und Gabriel.

In der Ostapsis von St. Ursula ist sie als Schutzmantelfigur dargestellt. Sie birgt sechs ihrer Gefährtinnen unter ihrem Mantel. Nach Maria gilt Ursula als die am häufigsten dargestellte Schutzmantelfigur überhaupt. Eine der schönsten Darstellungen der Ursula-Legende stammt von Vittorio Carpaccio und bedeckt, prächtig in Farbe und Ausdruck, einen ganzen Raum in der Galleria dell' Accademia in Venedig.

Während des Dreißigjährigen Krieges entstand in Köln ein einzigartiges Zeugnis barocker Heiligenverehrung: die Goldene Kammer der heiligen Ursula als Anbau an der Westseite des Südschiffs. Wer heute durch die schwere, eisenbeschlagene Tür den Raum betritt, der 1644 feierlich eingeweiht wurde, empfindet Schauder, den die Gegenwart der heiligen Gebeine einflößt. Ganz in ein barockes Rankenwerk eingefasst, von fröhlichen Putti mit Füllhörnern gekrönt, finden sich hier Schädel über Schädel hinter Glas, in kostbaren Samt mit Reliefstickerei aus Gold- und Silberfäden gebettet, verziert mit Pailletten und Perlen. Reliquienbüsten aus vielen Jahrhunderten bergen die Heiligtümer. Es sind auch aus Gebeinen gelegte Ornamente, Kreuze, Pfeile, Wirbelknochen in Rosettenform und Armknochen und vieles mehr zu sehen. Eine fromme Knocheninschrift bittet:

MARIA
S.URSULA PRO NOBIS ORA
S.AETHERIUS ORA PRO NOBIS
JESUS CORONA MARTIRUM.

Schon im 10. Jahrhundert verbreitete sich der Ursula-Kult. In vielen Städten entstanden Ursula-Kirchen. Verschiedene Orden, besonders die Benediktiner, Prämonstratenser und Zisterzienser sowie nach der Reformation auch die Jesuiten förderten die Verbreitung der Legende der Heiligen und ihrer Gefährtinnen, deren Verehrung ganz sicher ihren Höhepunkt im 15. Jahrhundert erreichte. Es bildeten sich Bruderschaften, so genannte »Ursula-Schiffchen«, deren Mitglieder auf den Beistand und die Fürsprache der heiligen Ursula hofften. Und 1535 gründete Angela Merici in Brescia mit der »Compagnia di S'Orsola« die Vorgängerorganisation des Ordens der Ursulinen.

Zu den meist gelesenen Büchern des späten Mittelalters gehörte die Legendensammlung »Legenda aurea« (»goldene Legende«) des Jacobus de Voragine mit einer Fassung aus dem 13. Jahrhundert.

Die Heilige Ursula wird als Patronin von Köln und als Beschützerin der Universitäten Paris und Coimbra verehrt. Sie ist Schutzheilige der Jugend, der Lehrerinnen und Erzieherinnen sowie der Tuchhändler. Sie steht für eine gute Heirat und Ehe, wie auch für einen ruhigen Tod und gilt als Helferin kranker Kinder.

1969 wurde der Festtag der heiligen Ursula im römischen Festtagskalender gestrichen. In Köln jedoch wird der 21. Oktober auch weiterhin als liturgisch gebotener Gedächtnistag der Stadtpatronin begangen.

AELIA GALLA PLACIDIA

* um 390 in Konstantinopel
† 450 in Rom

Regentin des weströmischen Reiches

Das Leben der oströmischen Kaiserinnen spielte sich im Großen und Ganzen in ihrer Residenz – in Konstantinopel oder Jerusalem – ab. Gelegentlich bekamen sie etwas von militärischen Auseinandersetzungen zu spüren, doch waren die Unzuträglichkeiten geringfügig, wenn man sie mit den Schwierigkeiten vergleicht, denen ihre westlichen Cousinen ausgesetzt waren, allen voran Galla Placidia, die weströmische Kaiserin. Ihr Lebenslauf war äußerst abenteuerlich.

Als Tochter des römischen Kaisers Theodosius I. des Großen und seiner Frau Gallas, Tochter Valentinians I., symbolisierte sie die Verbindung der beiden Dynastien miteinander. Sie hatte zwei ältere Halbbrüder, die späteren Kaiser Honorius und Arcadius, die aus der ersten Ehe des Theodosius I. mit Aelia Flavia Flacilla hervorgegangen waren. Bereits 394 erlag Gallas Mutter den Folgen einer Fehlgeburt. Kurze Zeit später, am 17. Januar 395, verstarb auch Theodosius völlig unerwartet.

Galla und ihr Bruder Honorius wurden der Obhut des Heermeisters Stilicho und dessen Frau Serena übergeben. 405 wurde Galla Placidia mit Stilichos Sohn Eucherius verlobt, doch dieser wurde im Rahmen einer Palastintrige gemeinsam mit seinem Vater und dessen Frau 408 hingerichtet. Damals befand sich Galla mit Serena, der Nichte des Theodosius, in Rom, das von den Westgoten unter Alarich eingeschlossen war. Als der Senat der Serena anlässlich dieser Belagerung den Prozess machte und sie hinrichten ließ, soll Placidia an diesem Vorgehen beteiligt gewesen sein.

Entweder nach der Eroberung Roms durch Alarich am 14. August 410 oder schon vorher fiel Placidia als Geisel in die Hände der Westgoten. Zunächst unter Alarich und nach dessen Tod unter seinem Nachfolger Athaulf zog sie, ehrfurchts-

19

voll behandelt, mit den Goten nach Süditalien, dann nach Südfrankreich und schließlich nach Spanien. Athaulfs Politik war, möglicherweise durch Placidias Einfluss, mehr und mehr auf Zusammenarbeit mit den Römern ausgerichtet: Für Rom wollte er regieren und römisches Recht anwenden. Im Auftrag des weströmischen Hofes in Ravenna besiegte er im Jahr 413 den Usurpator Iovinus in Frankreich und heiratete 414 in Narbonne Galla Placidia. Dennoch musste er auf besonderes Drängen Ravennas nach Spanien ziehen. Dort kam Placidias erstes gemeinsames Kind, der beziehungsreich Theodosius genannt wurde, zur Welt, der allerdings kurz darauf verstarb.

Schon ein Jahr später fiel Athaulf in Barcino einem Anschlag zum Opfer. 416 lieferte der neue Westgotenkönig Wallia Galla Placidia für 600.000 »modii« Getreide an die Römer aus. Sie kehrte an den Hof ihres Bruders Honorius nach Ravenna zurück, der sich nun wieder in Galla Placidias Leben einmischte. Er verheiratete sie am 1. Januar 417 in Ravenna mit dem ungeliebten Heermeister und späteren Kaiser Constantius III., einem dunkelhäutigen Illyrer. Dieser Ehe entstammten zwei Kinder, Honoria und Valentinian III. 421 ernannte Honorius Constantius zum Augustus und Mitregenten sowie Galla Placidia zur Augusta. Ihr Sohn Valentinian wurde dadurch zum Thronfolger. Schon am 2. September 421 jedoch erlag Placidias Gatte einer Rippenfellentzündung.

In demselben Jahr floh Placidia, nun mit ihrem Bruder entzweit, mit ihren Kindern Honoria und Valentinian III. nach Konstantinopel zu ihrem Neffen Theodosius II., obwohl dieser ihren Augusta-Titel zunächst nicht anerkannte. Nach dem Tod ihres Bruders Honorius kehrte sie nach Rom zurück. Dort angekommen, wurde Ravenna erobert, der Usurpator hingerichtet und Valentinian III. im Alter von sechs Jahren zum Augustus erhoben. Da Valentinian III. noch nicht im regierungsfähigen Alter stand, leitete Galla Placidia die Geschicke des Westreiches. Eine ihrer ersten Aufgaben war es, sich mit Aëtius zu arrangieren, der 60.000 Hunnensöldner angeworben hatte. 426 erließ sie, um der Autorität des Rechtes Geltung zu verschaffen, das so genannte Zitiergesetz, in dem festgeschrieben wurde, welchen Schriften römischer Juristen vor Gericht größere Autorität zukommen sollte. Drei Jahre später gab sie dann ihre berühmte Erklärung ab, die besagte, dass der Kaiser durch die Gesetze gebunden sei und seine Autorität von der des Rechtes abhinge. Außenpolitisch verließ sich Placidia auf ihre Heermeister.

Unter ihr erlebte die Stadt Ravenna, wohin Kaiser Honorius bereits 402 seine Residenz verlegt hatte, ihre erste Blüte. Konnte die Kaiserin bis zu diesem Zeitpunkt in eigener Initiative vornehmlich nur Kirchenpolitik betreiben, so handelte sie nun als Regentin des Reiches, wobei sie besondere Kenntnisse in der Rechtspolitik besaß. Die in Ravenna unter ihrer Regierung erlassenen Gesetze verraten dezidierte Ansichten zu Grundfragen des Rechts. Vor allem aber nahm die Verteidigungspolitik gegenüber den Germanen und Hunnen ihre Aufmerksamkeit in Anspruch.

Nachdem Valentinian III. 437 alt genug war, die Regierungsgeschäfte zu übernehmen, zog sich Placidia immer mehr von der politischen Bühne zurück. Nach einer Rettung aus einer Seenot (425) ließ Galla Placidia in Ravenna die Kirche San Giovanni Evangelista erbauen. Weil der Evangelist auf der Insel Patmos gelebt hatte, galt er im griechischen Osten als ein starker Helfer in Seenot. Die Kirche Santa Croce, ebenfalls unter Galla Placidia entstanden, besaß als Anbau das heute freistehende, nach ihr benannte Mausoleum (um 450).

Ihren Lebensabend verbrachte sie in Rom, wo sie am 27. November 450 starb und auch beigesetzt wurde – allerdings nicht in dem extra für diesen Zweck errichteten Mausoleum, wohin sie erst später überführt wurde. Das Mausoleum ist äußerlich ein schlichter Ziegelbau. Das Innere aber ist von großer Pracht: Boden und Wände aus Marmor, Fenster aus Alabaster, die gewölbte Decke ganz mit leuchtenden Mosaiken ausgeschmückt. Von den drei antiken Sarkophagen gilt der größte, schmucklose als der von Galla Placidia. Der Sarkophag im linken Seitenarm mit dem mystischen Lamm soll der ihres Gatten Constantius III. sein, der im rechten Seitenarm mit drei Kreuzen in drei Nischen soll Gallas Sohn Valentinian III. bergen.

Galla Placidia ist auf einer von ihrem Sohn Valentinian III. geprägten Münze abgebildet. Auf der Rückseite steht ein Kreuz (typisch für alle Münzen mit Bezug zu Galla Placidia), das ihren christlichen Glauben verdeutlichen soll.

Dieser Lebenslauf zeigt die Rolle der spätantiken Herrscherinnen. Im Vordergrund stand ihre Funktion, dynastische Legitimität zu schaffen. Galla Placidia war als junge Prinzessin ein Spielball der politischen Kräfte. Sie wurde das Bindeglied zwischen der alten valentinianischen und neuen theodosianischen Dynastie. Es gelang ihr letztlich doch, das westgotische Königtum mit der römischen Welt zu verbinden: Zum einen, indem sie ihren Sohn von Athaulf auch Theodosius nannte, und schließlich indem sie zur Legitimierung ihres widerwillig geheirateten zweiten Mannes, des Emporkömmlings Constantius, beitragen musste.

Kaiserin Theodora

* um 500 in Syrien
† 548 in Konstantinopel

Byzantinische Kaiserin

> »...ich halte mich an die alte Maxime, dass der Thron das
> schönste aller Leichentücher ist.«
>
> (Theodora)

Die Beurteilung der Kaiserin Theodora schwankt bis heute zwischen Hass beziehungsweise Abscheu einerseits und hoher Bewunderung für ihre Zielstrebigkeit, Intelligenz und Willenskraft andererseits. Der am Hof der Kaiserin lebende Historiker Prokopios von Caesarea zeigt in seinem Werk »Anekdota«, der »Geheimgeschichte«, das erst 1623 wieder gefunden wurde, ihren Lebensweg auf, allerdings ausgesprochen negativ. In diesem sonderbaren Werk, das den Genreregeln der antiken Schmähschrift zu folgen scheint, berichtet Prokop jedenfalls, dass ihr Vater Akakios Bärenwärter bei den Grünen (einer der beiden großen Zirkusparteien) beim Hippodrom in Konstantinopel gewesen sei. Er starb sehr früh und ließ seine Frau, eine junge Schauspielerin, in großer Not zurück. Sie musste in der Arena das Mitleid der Zuhörer erflehen, um ihren drei Kindern das Überleben zu sichern. Schon früh musste Theodora im Theater auftreten, um Geld zu verdienen. Mit Witz und Charme feierte sie bald erste Erfolge. Mit ihrer älteren Schwester Komito begann sie ein ausschweifendes Leben zu führen. Sie trat als Schauspielerin und Nackttänzerin auf. Hekebolos, der Gouverneur von Pentapolis in Lydien, nahm sie einige Zeit als Gespielin zu sich, setzte sie eines Tages allerdings völlig mittellos vor die Tür. Sie irrte durch den Orient und gelangte völlig mittellos in die Hafenstadt Alexandria. Dort fand sie Hilfe bei einer Christengemeinde. Möglicherweise hatte dieses Erlebnis und das Zusammentreffen mit dem monophysitischen Patriarchen Timotheos in Alexandria die radikale Umkehr in ihr bewirkt. Sie beschloss ihr Leben zu ändern und kehrte nach Konstantinopel zurück. Theodora setzte sich zeitlebens für den

Monophysitismus ein. Es ist jedenfalls bezeugt, dass sie mehrmals zu Gunsten des Monophysitismus (nach dem Christus nur eine Natur hatte, nämlich eine göttliche) intervenierte und die Glaubensrichtung aktiv förderte.

Zurückgekehrt nach Konstantinopel bezog sie ein einfaches Häuschen und lebte dort »sittenrein«. In Byzanz lernte sie, unter welchen Umständen auch immer, den zukünftigen Kaiser Justinian kennen. Prokopios meinte, dass Theodora »durch magischen Zauber« den 40–jährigen Kronprinzen verführt habe. Trotz des erbitterten Widerstands seiner Mutter, der Kaiserin Euphemia, entschloss sich Justinian, Theodora zu heiraten.

Der Kaiser ließ 522 ein Gesetz ändern, das die Eheschließung von höher gestellten Personen mit Schauspielerinnen verbot. Theodora wurde nun in den Patrizierstand erhoben, so dass die Heirat 525 stattfinden konnte. Zwei Jahre später fand in der Hagia Sophia die Kaiserkrönung statt, bei der Theodora zur Augusta erhoben wurde. In der Arena, in der sie ihre Jugend verbracht hatte, ließ sich Theodora nun als neue oströmische Kaiserin feiern. Sie galt offiziell als Inhaberin der Kaiserwürde, vor ihr musste die Proskynese (kniefällige Verehrung) vollzogen werden, ihre Mitarbeit bei der Gesetzgebung wurde ausdrücklich hervorgehoben und die Beamten wurden auf sie vereidigt. Ihre Mitwirkung bei der Regierung des Reiches war so selbstverständlich, dass jeder, der etwas erreichen wollte, außer mit dem Kaiser auch mit ihr zu verhandeln hatte. Justinian teilte in Gesetzestexten gelegentlich mit, dass er das Gesetz aufgrund der Beratung mit »der allerfrömmsten, von Gott verliehenen Gattin« erlassen habe.

Theodora pflegte dem Stadtrat Vorschläge zu machen und vergaß dabei nie, »sich für die Kühnheit, frei zu reden, zu entschuldigen, da sie ja nur eine Frau sei.« Aber hinter dieser Fassade setzte sie ein frauenfreundliches Eigentums-, Erb- und Scheidungsrecht durch. Aus ihrer eigenen Geldschatulle kaufte sie Prostituierte frei und verbannte Zuhälter und Bordellbesitzer. Theodora engagierte sich aber auch für die von ihren Ehemännern Verstoßenen und errichtete ein Asyl für Hunderte von Prostituierten und für junge ledige Mütter.

»Wir haben Behörden geschaffen, um Räuber und Diebe zu bestrafen. Müssten wir nicht mit viel größerem Recht die Ehrabschneider und Schurken verfolgen, die sich gegen die Unschuld vergehen?« ließ die Kaiserin verlauten – und handelte auch danach. Wenn direkte Personalpolitik nicht möglich war, intrigierte sie zusammen mit ihrer Freundin Antonina, der Gattin des Feldherrn Belisar – so etwa erfolgreich gegen Johannes den Kappadokier, den bedeutendsten Staatsmann des Kaisers, den sie mit einer atemberaubenden Intrige stürzte und damit auch Papst Silverius in den Tod trieb. An seine Stelle setzte sie ihren Günstling Vigilius (537–555).

Als Monophysitin betrieb sie sogar eine Kirchenpolitik, die gegen die ihres Mannes gerichtet war. Ohne jeden Skrupel setzte sie die von ihr favorisierten Staatsmänner Barsymes und Narses in Schlüsselpositionen des Reiches ein. Doch Justinian setzte den monophysitischen Patriarchen von Konstantinopel, Anthemius, ab. Der Patriarch verschwand spurlos und wurde erst gefunden, als Theodora zwölf Jahre später starb. Die Kaiserin hatte Anthemius die ganz Zeit im Gynäkeion unter den Frauen versteckt gehalten, ohne dass ihr Gatte Verdacht schöpfte. Diese Geschichte ist umso erstaunlicher, als die Kaiserin sonst außer mit ihren Frauen nur mit Priestern und Palasteunuchen zusammentraf.

Theodora wird bis heute wegen ihrer Tapferkeit, die sie anlässlich des Nika-Aufstandes im Jahre 532 zeigte, bewundert. Es gab eine Revolution in Konstantinopel gegen die Zentralgewalt des Kaisers. Die Zirkusparteien verbündeten sich gegen Justinian und riefen gemeinsam mit einigen Senatoren Flavius Hypatius zum Gegenkaiser aus. Justinian soll bereits dazu entschlossen gewesen sein, die Stadt zu verlassen, als Theodora angeblich im Kriegsrat in einer flammenden Rede seinen Widerstandswillen entfachte: »Das Kaisertum (basileia) ist das schönste Leichentuch.« Obwohl der Pöbel bereits »Sieg« (»nika«) schrie, ließ Theodora den Aufstand mit Hilfe der Feldherren Belisar und Narses blutig niederschlagen und rettete somit den oströmischen Kaiserthron. Theodora lebte im Palast von Heraion am Ufer des Bosporus und führte mit Justinian eine vorbildliche, aber leider kinderlos gebliebene Ehe. Von Rom als »Dämonodora« gehasst, von ihren Untertanen als »Erdgeist des Volkes« verehrt, starb die knapp 50–jährige Kaiserin am 28. Juni 548 und wurde in der Apostelkirche beigesetzt.

In der Zentralkirche San Vitale in Ravenna, einem großartigen Beispiel byzantinischer Baukunst im Abendland, finden sich tief in der Chorpartie die beiden Monumentalkompositionen, die der Chronist Agnellus von allen Mosaiken der Kirche allein der Beschreibung für würdig gehalten hat: die Porträts von Justinian und Theodora nebst ihrem Gefolge. Theodora trägt einen Kelch, Justinian eine Patene (Diskos). Unten auf dem Mantel der Kaiserin sind die Heiligen Drei Könige gestickt, wodurch in sinnbildlicher Weise auch der Akt des Kaiserpaares näher bestimmt wird als Akt der Ergebenheit gegenüber dem König der Könige.

KÖNIGIN THEODELINDE

* unbekannt
† 627 in Modena

Friedenskönigin der Langobarden

Königin Theodelinde – ihr Name dürfte wohl ursprünglich Dietlind/Dietlinde gewesen sein – gilt als die Lieblingsgestalt in der Geschichte der Langobarden. Die schöne Theodelinde war die Tochter des Bayernherzogs Garibald und der Waltrada, der Tochter des Langobardenkönigs Wacho.

Zunächst hätte sie als etwa Fünfzehnjährige der Heiratspolitik ihres Vaters zufolge den Frankenkönig Childebert II. heiraten sollen. Doch das Heiratsprojekt scheiterte. Die stolze Herzogin wurde daraufhin auf Wunsch ihres Vaters mit König Authari verlobt, zu dem sie sich mit ihrem Bruder Gundoald († 616) flüchtete. Gundoald wurde von Authari zum Herzog von Asti ernannt.

Die Ehe Theodolindes mit König Authari war eine für beide Seiten politisch wichtige Verbindung. Als sie ihm von ihrem Vater Garibald versprochen wurde, wollte er sich aber selbst ein Bild von seiner Braut machen. Unerkannt kam er an den Herzogshof nach Regensburg. Dort wurde Authari von Theodelinde ein Becher mit Wein gereicht. Als der »Brautwerber« ihr den Becher zurückgab, berührte er ihre Hand mit dem Finger und strich ihr mit seiner Rechten von der Stirn über Nase und Wangen. Aufgeregt erzählte sie diese Begebenheit ihrer Hofdame, die richtig vermutete: »Wenn dieser Mann nicht selbst der König und Bräutigam wäre, so hätte er auf keinen Fall dich zu berühren gewagt.«

Theodolinde musste schon kurz darauf mit ihrem Bruder aus Bayern über die Alpen flüchten, als die Franken das Land mit Krieg überzogen. Authari ritt ihr entgegen, und auf dem Sardisfeld vor den Toren Veronas wurde unter dem Jubel der Bevölkerung 589 die Hochzeit gefeiert. Auf den Segen eines Geistlichen der römischen Kirche musste Theodolinde allerdings verzichten, da König Authari ein arianischer Christ war. Arianische Christen glaubten zum Beispiel nicht an die Dreifaltigkeit, sondern dass nur Gottvater wirklich Gott sei. Sie standen damit in unauflöslichem Gegensatz zur römisch-katholischen Kirche.

Theodolinde hatte damals in Monza den Bau einer königlichen Sommerresidenz, die mit edelsten Kunstschätzen ausgestattet wurde, und den Bau des Johannesdoms in Auftrag gegeben. Schon ein Jahr nach der Hochzeit in Verona starb Authari im Frühjahr 590.

Da Theodelinde als Witwe das Reich allein nicht halten konnte, lud sie im gleichen Jahr den Schwager ihres verstorbenen Mannes, Agilulf, Herzog von Turin, zu sich ein und sagte dem Ahnungslosen, der ihr die Hand küssen wollte: »Der meinen Mund küssen darf, braucht die Hand nicht zu küssen.« Sie heirateten und ihr Mann übernahm die Herrschaft. Im Mai 591 wurde er in Mailand zum neuen Langobardenkönig erhoben. Angeblich war Agilulf schon bei Theodelindes erster Vermählung geweissagt worden, dass sie einmal seine Gemahlin würde. Mit letzterem hatte sie gemeinsam zwei Kinder, den späteren König Adalwald (* 602) und Gundperga.

Agilulf, der durch die Heirat mit Theodelinde die königliche Würde erhielt, gelang es, ein stabiles Herrschaftsgeflecht zu schaffen und die Einheit des Langobardenreiches wiederherzustellen. Durch seine katholische Gemahlin wurden die Spannungen zwischen Arianern und Katholiken entschärft. Theodelinde konnte ihren Mann, der allerdings selbst nie katholisch wurde, so beeinflussen, dass er den seit Jahrzehnten beschlagnahmten Kirchenbesitz zurückgab und einigen vor den Langobarden geflüchteten Bischöfen die Rückkehr in ihre Diözesen gestattete.

Theodolinde vermittelt zunächst einen Waffenstillstand und 598 schließlich einen Frieden zwischen König Agilulf und Papst Gregor dem Großen († 604). Papst Gregor erkannte früh, dass Theodelinde eine bessere Verfechterin ihres Glaubens war als mancher Mann der Kirche. Das zeigt sein umfangreicher persönlicher Briefwechsel mit ihr und das beweisen auch die ungewöhnlich wertvollen Geschenke, die Theodolinde aus Rom erhielt, so vor allem das Gregoriuskreuz, ein Brustkreuz aus Gold mit Bergkristallfassung, das einen Reliquienbehälter für einen Splitter vom Kreuz Christi enthält und das heute im

Domschatz von Monza zu besichtigen ist. Er widmete ihr vier Bücher. Die Königin und ihr Gemahl förderten die Klostergründung Bobbio durch den irischen Missionar Columban.

616/617 erreichte Theodelinde einen Friedensschluss mit dem fränkischen König Chlothar I. Sie wurde immer mehr zur »Friedensfürstin« im langobardischen Reich. Sie verstand es, sowohl mit den Römern als auch mit den Byzantinern zu verhandeln. Italien gesundete von den schweren Erschütterungen unter der ostgotischen Herrschaft. Sie wurde zur Schützerin und Mäzenin der aufblühenden Kunst und ihr Beispiel wirkte noch in den kunstliebenden, belesenen Frauen der Renaissance nach – Langobardinnen wie sie.

Mit sanfter Gewalt gelang es ihr schließlich, ihren Mann König Agilulf, der selbst nicht katholisch wurde, dazu zu bringen, den gemeinsamen Sohn Adaloald in Mailand taufen zu lassen. Das zeigte auch die neue Religionspolitik des Herrscherpaares. Bereits der zweijährige Adaloald wurde zum König der Langobarden ausgerufen; mit vier Jahren wurde der Knabe in Mailand als Mitkönig inthronisiert und zur Sicherung der Dynastiefolge mit einer Tochter des austrasischen Frankenkönigs Theudebert II. verlobt.

Im Jahr 616 starb Theodelindes Gemahl. Als Königinmutter übernahm sie die Regentschaft bis zur Volljährigkeit ihres Sohnes. Auch nach dessen Volljährigkeit beeinflusste sie ihn, eine der katholischen Kirche und dem byzantinischen Kaiser gegenüber freundliche Politik zu betreiben, was im Reich heftige Reaktionen auslöste, die schließlich 627 zu seinem Sturz und Tod führten. Wenige Monate darauf starb Theodolinde. Das ursprüngliche Grab der Königin wurde im Dom zu Modena entdeckt.

Im Dom zu Monza, dessen Bau auf sie zurückgeht, finden sich in der Theodolinden-Kapelle von Zavaratti 1444 gemalte Fresken, die Szenen aus dem Leben der Königin zeigen. Ihr Sarkophag ist ebenfalls im Dom zu Monza. Außerdem wird dort die eiserne Langobardenkrone, die sich heute im Tabernakel befindet, aufbewahrt, einst ein Geschenk Theodelindes an ihren Gemahl Agilulf. Der Sage nach hatte Königin Theodelinde die Krone im Jahr 593 für ihren Gatten Agilulf anfertigen lassen. Der Durchmesser der Krone beträgt 16 Zentimeter, und die dürfte im 9. Jahrhundert ein Armreif gewesen sein. Nach dem Ende der Macht und Blüte der Langobarden ist die eiserne Krone bei der Krönung Karls des Großen und anderer deutscher Könige zum König von Italien benützt worden. Die Langobardenkrone wurde auch von Napoleon und dem österreichischen Kaiser Ferdinand I. verwendet.

Die Langobardenkönigin aus dem bayerischen Haus der Agilolfinger wird von der katholischen Kirche als Selige verehrt. Der Gedenktag ist der 22. Januar.

KAISERIN ADELHEID

* 931 in Burgund
† 999 Selz im Elsass

Deutsche Königin, römische Kaiserin und Königin von Italien

> *»Sie war eine Frau von umsichtigem und standhaftem Charakter.«*
>
> (THIETMAR VON MERSEBURG)

Es zeigte sich immer wieder, dass im Hohen Mittelalter Ehefrauen, Töchter und Mütter in königlichen Familien die Stelle der in Kriegen oder Kreuzzügen abwesenden Regenten übernahmen oder als Vormund ihrer Söhne auftraten. Sie nahmen dann die Machtbefugnis eines Kriegs- und Grundherrn wahr, verteidigten Besitztum und Rang der Familie und wurden – wenn sie Erfolg hatten – als »Männer« geehrt. Ein Musterbeispiel dafür ist die Kaiserin Adelheid: In ihrem Leben spiegeln sich eine ganz Europa umfassende Ehepolitik sowie Gewalt und Intrigen wieder.

Im 10. Jahrhundert regierten Adelheid und ihre Schwiegertochter Theophano als Kaiserinnen des Heiligen Römischen Reiches Deutscher Nation zusammen mit ihren Söhnen und behaupteten deren Machtansprüche. Kaiserin Adelheid ging zudem als große Förderin des Kirchenwesens in die Geschichte ein.

Am Beginn ihres ereignisvollen und politisch einflussreichen Lebens, durch das Adelheid zu den bedeutendsten Frauen des 10. Jahrhunderts zählt, standen die Ambitionen Hugos von Italien auf das Königreich Burgund. Adelheid, einzige Tochter von König Rudolf II. von Hochburg und der Bertha von Schwaben, war schon im Alter von sechs Jahren mit Lothar von Italien, dem Sohn Hugos von Arles, verlobt und mit sechzehn Jahren verheiratet worden. Das Eheglück dauerte nur drei Jahre. Der König wurde vergiftet und hinterließ eine Tochter mit Namen Emma. Nach dem Tod ihres Vaters fiel Adelheid ein großes Erbe zu: die Provence und Burgund sowie

31

das Königreich Arles. Lothars Nachfolger auf dem Thron, Berengar II. von Ivrea, nahm der jungen Witwe Reich und Krone und forderte von ihr, seinen Sohn Albert zu heiraten. Da sie sich weigerte, ließ Berengar sie in Como in den Kerker werfen. Mit Hilfe ihres Kaplans konnten sie und ihr Töchterchen fliehen, und zwar auf die Feste Canossa. Heimlich sandte sie eine Nachricht an den mächtigen deutschen Herrscher König Otto I. Als er von ihrem Schicksal erfuhr, kam er ihr zu Hilfe. Nach seinem Sieg über Berengar bei Pavia erhielt die junge Königin von ihm ihre Krone zurück.

Zwischen dem verwitweten König und der 20jährigen Witwe begann eine zauberhafte Liebesromanze. Schon kurz nach seiner Krönung zum König von Italien in Pavia heiratete er Adelheid unter großem Gepränge am Weihnachtstag 951. Adelheid und Otto hatten vier gemeinsame Kinder: Mathilde, spätere Äbtissin von Quedlinburg, Heinrich, Bruno und Otto.

Erst zehn ereignisvolle Jahre nach ihrer Hochzeit betrat Adelheid an der Seite ihres königlichen Gemahls, des Siegers vom Lechfeld, wieder italienischen Boden. Am 2. Februar 962 empfingen Otto I. und Adelheid aus der Hand des Papstes die Kaiserkrone. Adelheid gelangte auf den Gipfel ihrer Macht. Zu diesem Zeitpunkt war sie 31 Jahre alt. Sie wurde an der Seite ihres Mannes die bedeutende »consors regni«. Somit war sie eine Herrscherin, welche die königlichen Güter sowie das königliche Finanzwesen leiten durfte sowie den König bei Regierungs- und Staatsgeschäften vertreten konnte. Diese besondere Stellung einer Kaiserin blieb bis in die Salierzeit bestehen.

Nachdem Otto I. 973 gestorben war, beriet Adelheid ihren gerade 18 Jahre alten Sohn Otto II. Er bezog sie in seine königlichen Erlasse mit ein und formulierte, er sei »mit dem Rat meiner frommen Herrin und liebsten Mutter« zu seinen Entschlüssen gekommen. Als letzte ehrgeizige Tat hatte König Otto der Große, der mächtigste Herrscher der Christenheit, seinen Sohn mit einer byzantinischen Prinzessin, der Tochter des Kaisers Romanos II., Theophano, verheiratet, die sich, obwohl erst 16 Jahr alt, als sehr machtgierig, aber auch als besonders klug erwies.

Adelheid allerdings entzweite sich immer wieder mit ihrem Sohn und der Schwiegertochter. So verließ sie 978 den Hof und hielt sich vor allem in Oberitalien und Burgund auf. Sie ließ zahlreiche Klöster gründen und förderte in der Folgezeit die Klosterreform von Cluny. Sie stand in Kontakt mit den Äbten Maiolus und Odilo.

Als Otto II. bereits 983 starb, nahm seine Witwe den Titel eines »Imperator Augustus« (erhabener Kaiser) an und verteidigte den Titel ihres Sohnes Otto vor Herzögen und Fürsten, die einen anderen Anwärter auf den Kaiserthron unterstützen wollten, sowie vor Angriffen der Slawen und Dänen. Der Chronist Thietmar von Merseburg bestätigte Adelheids Erfolge mit den Worten: »Sie war eine Frau von umsichtigen und standhaftem Charakter. … mit wahrhaft männlicher Stärke bewahrte sie das Kaiserreich für ihren Sohn.«

So befreiten Adelheid, ihre Schwiegertochter Theophano und Mathilde, Adelheids Tochter, die spätere Äbtissin von Quedlinburg, durch ihr entschlossenes Auftreten Otto III. aus der Hand seines Widersachers Heinrich und führten gemeinsam die Regierung. Als 991 Theophano, erst 35 Jahre alt, völlig unerwartet starb, übernahm Adelheid, die »Mutter der Könige«, noch einmal die Regentschaft. Zusammen mit Erzbischof Willigis von Mainz führte sie von 991 bis 994 die Regentschaft für den unmündigen Enkel, den späteren König Otto III. Doch zog sie sich nach der Mündigkeit Ottos III. 994 bald endgültig zurück.

Als Otto III. nach Italien zog, übertrug man seiner Tante Mathilde, der Äbtissin des Klosters Quedlinburg, die Reichsregierung. Adelheid musste den frühen Tod dieser Tochter am 7. Februar 999 noch miterleben; sie selbst verschied nur zehn Monate später, am 16. Dezember, in einem für die damalige Zeit ungewöhnlich hohen Alter von 68 Jahren.

Zum Grab der Kaiserin entwickelte sich eine rege Wallfahrt, die in der Reformationszeit erlosch. Die Adelheid-Reliquien sind seit dieser Zeit verschollen. Große Verehrung wird der Kaiserin und Heiligen im Elsass, in Einsiedeln in der Schweiz und im gesamten Frankreich zuteil. Adelheid wurde wegen ihrer Mildtätigkeit vom Volk auch über ihren Tod hinaus verehrt. Papst Urban II. sprach sie im Jahr 1097 heilig.

Der Gedenktag der heiligen Adelheid ist der 16. Dezember. Die Heilige Adelheid wird in der Regel in fürstlichem Gewand mit Zepter und Krone dargestellt. Beachtenswert sind Sandsteinfiguren im Chor des Meißner Doms, die um 1260 entstanden. Die Kaiserin ist hier gemeinsam mit ihrem nicht heilig gesprochenen Gemahl abgebildet, da er gleichfalls zu den Gründern des Bistums zählt. Mit der Krone auf dem Haupt ist sie auf einem Sgrafitto (um 1235 entstanden) im Magdeburger Dom zu sehen. Mit einem Kirchenmodell in der Hand zeigt eine Statue (1343) die Kaiserin am Dom zu Augsburg.

Der gelehrte Gerbert von Aurillac, der spätere Papst Silvester, mit dem sie in Briefwechsel stand, pries ihre Klugheit, Sittenstrenge und Gerechtigkeit sowie die hohe Tugend der mater regnorum. Sie beherrschte vier Sprachen, und ihr Harfenspiel war berühmt. »Allzeit«, so schreibt ihr Zeitgenosse und Biograph Odilo von Cluny, »war sie beherrscht von der Mutter aller Tugenden – von der Mäßigung.«

ROSWITHA (HROTSVITHA) VON GANDERSHEIM

* um 935 in Sachsen
† 975 in Sachsen

Erste deutsche Dichterin

> *»Wenn Sappho wegen ihres süßen Gesangs die zehnte der Musen ist, so ist Hrotsvitha die elfte.«*
>
> (WILLIBALD PIRCKHEIMER)

Das literarische Werk der Hrotsvitha (Roswitha) von Gandersheim stellt das umfangreichste erhaltene Oeuvre des 10. Jahrhunderts dar. Dabei weiß man über diese Frau recht wenig. Man vermutet, dass sie aus einem sächsischen Adelsgeschlecht stammt. Als sehr junges Mädchen wurde sie zur Erziehung in das braunschweigsche Kanonissenstift Gandersheim gebracht. Gerberga, eine Nichte Kaiser Ottos I. und spätere Äbtissin, nahm sich des Mädchens liebevoll an, und sie wurde deren gelehrige Schülerin. Das große Damenstift war eine reiche geistliche Anstalt, deren Äbtissin über ausreichende Mittel verfügte, um Baumaßnahmen durchzuführen und die Herstellung von Kunstwerken oder kostbaren Handschriften für die Bibliothek in Auftrag zu geben.

Im Gandersheimer Stift hielt sich auch Theophano gerne auf, jene gebildete byzantinische Prinzessin, die Otto II. im Jahr 972 geheiratet hatte, ein Jahr bevor er seinem Vater als Kaiser auf den Thron nachfolgte. In Gandersheim wurden auch Theophanos beide Töchter Adelheid und Mathilde erzogen, die 977 und 979 geborenen Schwestern des jungen und unglücklichen Kaisers Otto III. Adelheid war von 1039 bis 1043 sogar Äbtissin von Gandersheim. Zu Hrotsvithas Zeiten war der angesehenste Mittler zwischen dem Stift Gandersheim und dem Hof jedoch zweifellos der Bruder des Königs, Brun Herzog von Lothringen, Erzbischof von Köln und damit auch Kanzler des Reichs.

In Gandersheim lebten die Frauen nach der Benediktinerregel, allerdings in einem »gemischten System«. Neben den eigentlichen Nonnen gab es die so genannten »ancillae dei canonicae« oder »sanctimoniales«, das heißt Kanonissen, die zu einer weniger strikten Befolgung der Regel verpflichtet waren. Mit einiger Sicherheit gehörte auch Hrotsvitha zu ihnen. Hrotsvitha begann alsbald, die Legenden der Heiligen als Tischlektüre für ihr Kloster in Verse zu setzen. Hrotsvitha hat ihr Werk selbst in drei Bücher eingeteilt. Das Legendenbuch, entstanden in den 50er und 60er Jahren des 10. Jahrhunderts und an ihre Äbtissin Gerberga gewidmet, enthält acht Heiligenlegenden – mit Ausnahme von Gongolf – in leoninischen Hexametern: Maria, Ascensio, Gongolf (Hl. Gangolf), Pelagius, Theophilus (eine Teufelspakt-Legende), Basilius, Dionysius und Agnes. Das Dramenbuch, entstanden um 965, wollte eine christliche Alternative zu Terenz bieten. An die Stelle schlüpfriger Liebesgeschichten sollte die Darstellung der Keuschheit frommer Jungfrauen treten. Es sind dies sechs Dramen in Reimprosa, zum Beispiel »Dulcitus« und »Abraham« – Stücke, die allerdings weniger Dramen als »Dialoglegenden« sind. Dazu kommt noch eine mittelalterliche Fassung des Fauststoffes mit 455 Hexametern.

Die Kanonisse interessierte sich auch für Politik und Geschichte, besonders für die Geschichte der Päpste. Es entstand eine historische Dichtung in leoninischen Hexametern mit dem Titel »Carmen de gestis Oddonis I. imperatoris« (»Die Taten Ottos des Großen«) in 1500 Versen. Darin schilderte sie ausführlich auch Leben und Charakter der ottonischen Königinnen.

Des Weiteren verfasste sie eine Geschichte der Gründung und Anfangszeiten des ottonischen Stifts Gandersheim von 846 bis 919. In ihren Legenden und Dramen steht das Lob der Keuschheit im Mittelpunkt einer Welt der göttlichen Wunder, die an Märtyrern und Heiligen offenbar werden. Die Dramen sind die ältesten dramatischen Versuche des Mittelalters.

Die »Ottonische Renaissance« kannte die heiteren Komödien des römischen Lustspieldichters Terenz. Hrotsvitha orientierte sich an diesem Dichter, verfolgte aber ausdrücklich das Ziel, den oft heidnischen und frivolen Geist durch tugendreiche Darstellung in ihren Arbeiten zu ersetzen. Ihr dichterisches Schaffen lässt sich für den Zeitraum von 960 bis 973 datieren.

Die wichtigste Handschrift ihrer Werke, die alle Texte außer den Primordia enthält, ist der Codex Bayerische Staatsbibliothek Clm 14485, ein von mehreren Händen in Gandersheim, Ende des 10. oder Anfang des 11. Jahrhunderts geschriebenes Werk. Es wurde von dem Humanisten Conrad Celtis 1491 im Regensburger Kloster St. Emmeram entdeckt und der editio princeps in Nürnberg 1501 (illustriert von Albrecht Dürer) zugrunde gelegt. Hrotsvithas Wahrnehmung war seit der Wiederentdeckung ihres Werks durch Conrad Celtis vom Geschichts- und Frauenverständnis der Zeit abhängig. Dies begann bereits mit Celtis selbst, der auf Hrotsvitha seine Vorstellung einer zeitgemäßen Frauenbildung projektierte: Hrotsvitha wurde zur Verkörperung humanistischer Bildungsideale. Celtis schrieb ihr daher Griechischkenntnisse zu, die nicht belegt sind, aber zum humanistischen Ideal klassischer Zweisprachigkeit gehörten, und übertrieb ihre Kenntnisse in den Fächern des Quadriviums und in der Philosophie. Die einzige kritische Anmerkung zu seiner Darstellung kam von der gebildeten Äbtissin des Klarissenkloster St. Klara Nürnberg, Caritas Pirckheimer. Diese sah in Hrotsvitha einen Beweis für die von Gott gegebene gleiche Begabung von Mann und Frau und nahm Hrotsvithas Motivation zu schreiben nicht als eine humanistische Selbstbetrachtung wahr, sondern sah darin ihren Wunsch, ihre Frauengemeinschaft zu unterrichten und zu erziehen.

Im Jahr 1930 veranstaltete die Stadt Gandersheim einen Rundfunktag kulturschaffender Frauen. Bereits vier Jahre zuvor hatte die Stadt Hrotsvitha zum Mittelpunkt eines historischen Festumzugs gemacht. Dabei wurde Hrotsvitha auf die Gestae Ottonis reduziert. 1952 feierte Gandersheim sein 1100-jähriges Bestehen, unter anderem mit einem Hrotsvitha gewidmeten Dichterinnentreffen, zu dem etwa Luise Rinser geladen wurde. Im Andenken an das Werk Hrotsvithas finden seit 1959 vor der romanischen Stiftskirche die Gandersheimer Domfestspiele statt. Das angenommene tausendste Todesjahr 1973 brachte eine neue breite Wahrnehmung: Bundespräsident Dr. Gustav Heinemann besuchte Gandersheim anlässlich der Vorstellung einer Briefmarke mit einem Motiv zu Hrotsvitha. Die Stadt Bad Gandersheim verlieh zudem erstmals den nach Hrotsvitha benannten Roswitha-Preis an Schriftstellerinnen. 1975 verlieh die Stadt als weitere nach der Dichterin benannte Ehrung den Roswitha-Ring an die beste Künstlerin aus dem jeweiligen Ensemble der Domfestspiele.

MATHILDE VON TUSZIEN

* 1046 unbekannt
† 1115 in Bondeno di Roncole bei Ferrara

Markgräfin
Als erste Frau in der Grabeskirche St. Peter
in Rom beigesetzt

> *»Mächtige Kusine, geh, erwirke mir den Segen.«*
> (KAISER HEINRICH IV.)

Im 12. Jahrhundert bestimmten zwei Frauen maßgeblich die italienische Politik und die Reformbewegung der Kirche: Beatrix und ihre Tochter Mathilde. Beide waren nacheinander Markgräfinnen von Tuszien. Mathilde beherrschte von ihrem Schloss Canossa aus ganz Norditalien und damit den Weg nach Rom. Mathilde war im Verlauf ihrer langen Herrschaft die verlässlichste Bundesgenossin der Päpste, die sie finanziell, militärisch und diplomatisch unterstützte. Mathildes Vater, Markgraf Bonifaz (985–1052), hatte als 50–jähriger in zweiter Ehe die knapp 15–jährige Beatrix von Lothringen (1015–1076) geheiratet. Unter Bonifaz stiegen die Canusier, wie die Familie nach ihrem Stammsitz Canossa hieß, zur stärksten Feudalmacht Oberitaliens auf. Die 11–jährige Mathilde wurde mit ihrem Stiefbruder Gottfried von Niederlothringen verlobt, der wenig ansehnlich war und den Beinamen der »Bucklige« trug und den sie verabscheute.

In dieser ersten Ehe war Mathilde sieben Jahre verheiratet. Sie wurde Mutter eines Sohnes, der aber nur wenige Tage lebte. Die Geburt dürfte im Jahr 1071 gewesen sein. Nach der Entbindung verließ Mathilde Niederlothringen und kehrte ohne ihren Mann nach Italien zurück. Die Ehe bestand auf dem Papier bis zum Jahr 1076, der Ermordung ihres Mannes. Als Mathilde damals den Klostereintritt erwog, ließ der Papst das nicht zu. Sie werde in der Welt gebraucht. Kurz darauf starb auch ihre Mutter. Nun war Mathilde zur mächtigen Alleinerbin eines umfassenden Besitzes geworden, der ihr großen politischen Einfluss und Macht einbrachte.

Als der schon lange schwelende Streit zwischen dem Reformpapst einerseits, dem deutschen König und der Mehrheit des deutschen Episkopats andererseits auf der Reichsversammlung in Worms im Dezember 1075 eskalierte, stand Mathilde auf der Seite des Papstes. Die Synode in Worms erklärte den Papst für abgesetzt. Es wurde ihm vorgeworfen, dass er »die ganze Christenheit mit einem Weibersenat regieren wolle«; er halte mit einer fremden Frau Tischgemeinschaft und erfülle die Kirche mit dem »Gestank bösen Ärgernisses.« Die Anspielung auf Mathilde war unmissverständlich. Das Vertrauen zwischen Papst und Markgräfin wurde dadurch nicht gestört, der Briefwechsel aber spärlicher und in der Diktion amtlicher. Die politische Zusammenarbeit intensivierte sich.

Alles trieb auf den Investiturstreit und den Gang nach Canossa zu. Canossa war eine von Mathildes wichtigsten Burgen, der Stammsitz ihrer Vorfahren. Dorthin zog Heinrich IV. von Speyer aus, mit seiner Gemahlin Bertha von Turin, als Büßer, wo er auf den Papst traf. Vom 25. bis zum 27. Januar 1077 harrte er vor den Toren der Burg barfuss im Schnee aus. Als die Verhandlungen zu scheitern drohten und der König schon an Abreise dachte, soll er durch einen Fußfall vor Mathilde deren Fürsprache erreicht haben. »Mächtige Kusine, geh, erwirke mir den Segen.«

Mathildes Biograph Donizo illustrierte ihre Vita, die erst nach dem Tod der Gräfin fertig wurde, mit Miniaturen. Mathilde thront in einem prächtigen Gewand, die Stirn mit einem Goldband geschmückt unter einem von Säulen getragenen Arkadenbogen; der König wird in königlicher Tracht mit Krone und Reichsapfel dargestellt. Mathilde bittet den auf sein rechtes Knie niedergelassenen König mit ihrer geöffneten rechten Hand aufzustehen. Am 28. Januar hob Gregor VII., hauptsächlich auf Vermittlung der Mathilde von Tuszien, den Kirchenbann auf. Die Absetzung allerdings nahm er nicht zurück, und so wurde am 15. März Rudolf von Schwaben von den deutschen Fürsten zum Gegenkönig gewählt. Der Gang nach Canossa wurde zu einem wichtigen Meilenstein im Investiturstreit.

Beide begegneten sich sechs Jahre später wieder, als der König den Papst in der Engelsburg in Rom belagerte. Mathilde stand wieder auf der päpstlichen Seite, rief den Normannenherzog Robert Guiskard aus Sizilien herbei und nahm schreckliche Rache an den Anhängern Heinrichs, der während der Belagerung aus den Händen des Gegenpapstes Clemens III. im Petersdom die Kaiserkrone empfangen hatte.

1081 wurde Mathilde vom deutschen König ihrer Lehen für verlustig erklärt und mit der Reichsacht belegt. Als Gregor VII. 1084 im Exil von Salerno starb, vertrat Mathilde weiter die Sache der Reform und beeinflusste auch die Papstwahlen. Die Erhebung des Kardinalbischofs Otto von Ostia, eines Franzosen, der in Cluny Mönch und Prior gewesen war, rettete die Reform: Urban II. verband die Reformstrenge Gregors mit diplomatischen Geschick. Er bezog die Mathildischen Güter und sie selbst in sein Kalkül ein und befürwortete eine zweite Ehe der Markgräfin mit Herzog Welf von Bayern, die kinderlos blieb. Mathilde, die Braut, war 43, ihr Bräutigam dagegen erst 17 Jahre alt; ein lächerliches Zweckbündnis, doch diese Scheinehe sollte die deutsche Fürstenopposition stärken. In der Tat hat Welf zunächst einen erfolgreichen Widerstand gegen Heinrich zugunsten Mathildes geleistet, dann aber Mathilde wieder verlassen. Wieder im vollen Besitz ihrer Herrschaft adoptierte Mathilde jetzt Guido Guerra, den Sohn ihres treuen Vasallen Graf Guido, aber auch diese Verbindung lockerte sich wieder.

Um 1079 vermachte Mathilde ihre weitläufigen Besitzungen, die »Mathildischen Güter«, dem Heiligen Stuhl, ein Erbe, das zum erneuten Zankapfel zwischen den Päpsten und den deutschen Kaisern wurde, bis Kaiser Friedrich II. 1213 formell auf sie verzichtete.

Aufgrund ihrer Schenkungen hatte der Papst der Markgräfin völlige Sündervergebung gewährt. Mathilde, die große Reformerin und Reichsfürstin, starb in Bondeno di Roncore am 24. Juni 1115 in Anwesenheit ihres geistlichen Beraters Bernhard von Clairvaux. Sie wurde in dem von ihr reich beschenkten Kloster San Benedetto di Polirono in San Benedetto Po beerdigt.

Mathildes Wirken war für die Geschichte der römisch-katholischen Kirche von so großer Bedeutung, dass sie als erste Frau ein Grabmal in der St. Peterskirche in Rom erhielt. In einer der Nischen auf der rechten Seite befindet sich das Grab für Mathilde von Tuszien, geschaffen von Gian Lorenzo Bernini. Mathilde hält in der rechten Hand einen Kommandostab, in der linken die Schlüssel des Heiligen Petrus. Im Arm hält sie die päpstliche Tiara. Damit soll gezeigt werden, dass die Gräfin die große Beschützerin von Papst Gregor VII. im Kampf um die Freiheit der Kirche gegen den deutschen König Heinrich IV. war. Ihre Gebeine wurden erst 500 Jahre später unter Urban VIII. nach Rom überführt.

HILDEGARD VON BINGEN

* 1098 in Bermersheim
† 1179 im Kloster Rupertsberg bei Bingen

Äbtissin, Visionärin, Dichterin und
Komponistin

>*Ich bin eine arme kleine Frau.*«
(HILDEGARD VON BINGEN)

Hildegard von Bingen gehörte im 12. Jahrhundert zu den meistbeachteten Persönlichkeiten der Kirchenwelt.

Die Eltern von Hildegard waren Hildebert und Mechthild von Bermersheim bei Alzey in Rheinhessen. Schon als kleines Mädchen verhielt sie sich oft sonderlich, und die Eltern brachten die Achtjährige der Nonne Jutta von Spanheim in die Frauenklause auf dem Disibodenberg. Dort erkannten die Nonnen bald, dass Hildegard regelmäßig Visionen hatte. Mit etwa fünfzehn Jahren legte das Mädchen das Gelübde des Ordens der Benediktinerinnen ab. Sie studierte die Schriften des Alten und Neuen Testaments und wurde sehr geprägt durch Liturgie und Stundengebet. Die Arbeit im Kräutergarten gefiel ihr aber ebenso.

1136 wählten die Frauen sie zur Magistra, zur Leiterin der zum Konvent angewachsenen Frauengemeinschaft. Trotz des erheblichen Widerstands der Benediktinermönche wurde unter Hildegard von Bingen zwischen 1147 und 1152 der Bau des Frauenklosters auf dem Rupertsberg bei Bingen vorangetrieben. Hildegard wollte die innere geistliche Unabhängigkeit wahren, sich nach außen von den adeligen Schutzherren befreien und das Kloster dem Erzbischof von Mainz unterstellen. 1152 weihte Erzbischof Heinrich I. von Mainz die große dreischiffige Kirche. Der Mönch Wibert von Gembloux, später Hildegards hochgebildeter Sekretär, äußerte sich 1177 sehr lobend über das Kloster. Er berichtete von einer wunderbaren Harmonie: »Die Mutter umfängt ihre Töchter mit solcher Liebe... An Werktagen widmen sie sich in geeigneten Räumen dem Abschreiben von Büchern, dem Anfertigen von liturgischen Gewändern oder anderen Hausarbeiten ...«

Zu dem Kloster zogen »Prozessionen« von Hilfesuchenden aus Deutschland, Frankreich und Flandern. Menschen aller Stände holten sich Rat bei der Äbtissin. Sie pflegte einen regen Briefwechsel mit drei Päpsten, der heute noch mit 300 erhaltenen Dokumenten belegt ist, sowie mit den Bischöfen von Mainz bis Prag, mit Herrschern und vielen Laien. In der nahe dem Rupertsberg gelegenen Pfalz Ingelheim erwartete 1154 Kaiser Friedrich Barbarossa die Äbtissin. Nichts ist über das vertrauliche Gespräch der beiden bekannt geworden. Verbürgt sind Briefe, in denen Hildegard den Kaiser zunächst mit freundschaftlichen, später mit scharfen Formulierungen an seine Pflicht ermahnte.

Doch Hildegard blieb nicht nur die Äbtissin im Kloster, sie unternahm darüber hinaus mehrere Reisen zu Pferd, mit dem Ochsenkarren, der Kutsche oder dem Boot. Sie predigte in Kirchen, Klöstern und auf Marktplätzen. Überall forderte sie zur Umkehr und Erneuerung auf. »Auch Lieder mit Melodien zum Lobe Gottes und der Heiligen verfasste und sang ich ohne die Belehrung eines Menschen, obwohl ich niemals Noten noch Gesang erlernt hatte«, schrieb Hildegard. 77 Lieder, Antiphonen, Sequenzen und das Singspiel »Ordo virtutum« (Reigen der Tugenden) sind von ihr erhalten.

Hildegards bedeutende Werke entstanden von 1141 bis 1174. Sie verfasste das Buch »Scivias« (»Wisse die Wege«) mit großartigen Illustrationen. In 26 Visionen entwickelt sie darin ihr Weltbild. Im Vordergrund stehen der Mensch in seiner Welt und die göttliche Schöpfung. Doch zeichnet Hildegard keine heile Welt, sie zeigt vielmehr den Menschen als Rebellen, der Chaos verursacht und seine eigene Welt zerstört. »Die Elemente klagen: Wir können nicht mehr laufen,... denn die Menschen kehren uns um wie in einer Mühle... die Lüfte, die Wasser schreien: wir stinken schon wie die Pest...« Es folgten der Liber Vitae meritorum (»Der Mensch in der Verantwortung«) und das Buch »De operatione Dei« (»Welt und Mensch«) sowie die umfangreiche Natur- und Heilkunde »Casae et curae«.

Darin erfasste Hildegard den Menschen in all seinen Nöten

und Freuden und nahm – allerdings immer mit Bezug auf das Mystische und Schöpfungsgeschichtliche – »eine worin er mir gebot, das, was ich in der Vision sah und hörte, genau niederzuschreiben.«

Hildegards Darstellungen der Pflanzenheilkunde und Edelsteintherapie decken sich mehr oder weniger mit den allgemeinen Ansichten zu diesen Themenbereichen. Viele der heute unter dem Namen Hildegard-Medizin verbreiteten Thesen halten aber einer kritischen Beurteilung nur bedingt stand. Insbesondere die Heilwirkung des Dinkels dürfte stark übertrieben dargestellt sein.

Hildegard von Bingens Aufzeichnungen zufolge waren Onyx, Prasem, Rubin, Achat, Diamant, Magnetit, Bernstein, Perlen, Careol, Bergkristall, Marienglas und Kalk Steine mit besonderer Heilwirkung, die größte Heilwirkung schrieb sie aber den zwölf Grundsteinen Gottes zu: »So ließ Gott weder die Schönheit noch die Kraft der Edelsteine zugrunde gehen, sondern er wollte, dass sie auf der Erde seien zu Ehre und Segnung und für die Heilkunst,« so schrieb sie in der »Pysika«. In dem vom Wighard Strehlow zusammen mit Dr. Hertzka herausgegebenen Buch »Die große Hildegard-Apotheke« geht es um das Wirken der verschiedenen Hildegard-Rezepte. Interessant ist dabei, dass mit diesem Buch auch eine Brücke zur Humanmedizin geschlagen wird. Mittlerweile sind ja die Hildegard-Rezepturen und Heilkräuter vom Bundesgesundheitsamt hinsichtlich der Unbedenklichkeit und Wirksamkeit dokumentiert.

Die große Visionärin Hildegard von Bingen starb am 17. September 1179. Bereits zu Lebzeiten wurde sie wie eine Heilige verehrt. 1228 erfolgte ein erster Antrag auf Heiligsprechung, die aber bis heute nicht abgeschlossen ist. Zusätzlich wurde von der Arbeitsgemeinschaft Katholischer Frauenverbände und -gruppen im Jahre 1979 in Rom eine Bitte um Anerkennung Hildegards als Kirchenlehrerin vorgebracht.

Der Hildegardisschrein befindet sich im Altarraum der Pfarrkirche »St. Hildegard und St. Johannes der Täufer« in Eibingen in einem Hochgrab. Papst Benedikt XVI. hat sich in seiner Zeit als Professor in Bonn intensiv mit dem Leben und den Schriften Hildegards beschäftigt.

Alljährlich wird am 17. September das Hildegardisfest in Eibingen gefeiert. Es gliedert sich traditionell in das am Morgen gehaltene Pontifikalamt und die mittags stattfindende Reliquienfeier mit der seit 1857 stattfindenden Reliquienprozession durch den traditionellen Prozessionsweg von Eibingen. Der Reliquienschrein wird an diesem Tag geöffnet. Das Fest schließt mit der Hildegardisvesper in der ebenfalls in Eibingen gelegenen Abtei St. Hildegard. Zu ihrem Gedenken wird seit 1995 jährlich der *Hildegard-von-Bingen-Preis* für Publizistik verliehen.

Héloise

* 1101 in Paris
† 1164 in Le Paraclet bei Nogent-sur-Seine

Äbtissin des Frauenkonvents Le Paraclet

>»...*als Frau schön und an Tugend wie Gelehrsamkeit ihrem*
Petrus ebenbürtig... schläft sie nun, ein Fleisch in seinem
Grab, zusammen mit ihrem Gemahl.«
>
> (Anonyme Grabinschrift aus dem 12. Jahrhundert)

Abaelard und Héloise sind nach Romeo und Julia wohl das berühmteste Liebespaar. In ihrem Leben ereignete sich eine der menschlichsten Liebestragödien, die es in der Weltliteratur gibt. Héloise war vermutlich die Tochter der angevinischen Großadeligen und späteren Priorin von Fontevraud, Hersendis von Champagne; der Name ihres Vaters ist unbekannt. Es gibt aber auch Theorien, nach denen ihr »Onkel« Fulbert ihr Vater gewesen sein soll. Schon unmittelbar nach der Geburt kam Héloise zur klösterlichen Früherziehung in den Nonnenkonvent von Argenteuil, wobei offensichtlich ihrem Onkel Fulbert, der inzwischen zum Domkanoniker von Notre-Dame in Paris aufgestiegen war, eine Art Aufsichtspflicht und Vormundrolle zukam.

Er ließ das 16-jährige Mädchen von dem damals schon bekannten Kanonikus und Philosophen Peter Abaelard (1079–1142) unterrichten. Sie studierten die Heilige Schrift ebenso wie weltliche Autoren, die Kirchenväter wie Ovid, Seneca und Lukian; er lehrte sie Latein, Griechisch und Hebräisch. Bei ihrem späteren Klostereintritt gratulierte Abaelard wehmütig den Nonnen zu einer neuen Schwester, die »die einzige lebende Frau, die der drei Sprachen mächtig war, welche der heilige Hieronymus als unvergleichliche Gnade gepriesen hatte.«

Lehrer und Schülerin verliebten sich ineinander, sie gerade 17 Jahre alt – eine »leichte Beute«, wie sie später selbst schrieb; er näherte sich der Vierzig. Über diese Tage des Glücks meinte Héloise: »Alle liefen zusammen, um Dich zu sehen... Welche Königin und welche hochgestellte Frau beneidete mich nicht um meine Freuden und mein Bett...« Ganz Paris schien sich für das Liebesverhältnis des umschwärmten Philosophen zu interessieren. Obwohl ein Paar wie dieses, Lehrer und Schülerin, nichts Seltenes war, stellte Fulbert beide zur Rede und trennte sie. Doch »die körperliche Trennung brachte unsere Herzen einander noch näher, und unsere Liebe wurde um so glühender, je mehr ihre Erfüllung uns versagt blieb; obwohl wir uns des nicht wieder gutzumachenden Skandals bewusst waren, konnten wir darüber keinerlei Scham empfinden. Unsere Schuld erschien uns geringfügig gegenüber der Süße der beiderseitigen Freuden.« Bei ihrer Schwester in der fernen Bretagne brachte Héloise das Kind ihrer Liebe, Astrolabius, zur Welt. Unter dem Druck des Oheims Fulbert willigte Héloise in eine Heirat mit Abaelard ein, auch weil sie nicht wagte, ihrem Geliebten zu missfallen. Doch die heimlich eingegangene Verbindung brachte ihnen keine Sicherheit, da Héloises Familie das Geheimnis preisgab. Abaelard entführte seine Frau und brachte sie als Nonne verkleidet nach Argenteuil. Fulbert geriet darüber so in Rage, dass er Abaelard von einem gedungenen Häscher im Schlaf überfallen ließ, der ihm den Körperteil abschnitt, »der das grausame Werkzeug seines sündigen Vergehens war«. Abaelard überlebte die Verstümmelung, suchte aber daraufhin in seiner verständlichen Verwirrung – »mehr aus Scham, denn aus wahrer Berufung« – Zuflucht in der Abtei Saint-Denis. Er zerstritt sich mit dem Kloster und ging in die Einsamkeit von Quincey bei Nogent-sur-Seine.

Héloise versicherte ihrem Mann stets ihre unendliche Liebe in Briefen, die in einer sorgfältigen Sprache und mit großer Ausdruckskraft verfasst wurden: »Gott ist mein Zeuge, ich habe je und je in Dir nur Dich gesucht, Dich schlechthin, nicht das Deine,... Du bist mein Zeuge, nicht meine Lust, nicht mein Wille war je mein Ziel, nein, nur Deine volle Befriedigung... Meine Liebe zu Dir ist so grenzenlos und unfassbar gewesen, dass sie sich all dessen, was sie begehrte, sogar meiner selbst, beraubte ohne jede Hoffnung darauf, den einzigen Gegenstand meines Begehrens wiedererlangen zu können. Das habe ich getan, als ich, um Dir gehorsam zu sein, mit meinem Kleid auch meine Seele wandelte. Ich habe es getan, um Dir zu beweisen, dass einzig Du der Herr meines Leibes und meiner Seele bist.«

Abaelard gründete das unabhängige Kloster »Le Paraclet«,

das er 1129 Héloise schenkte, die er zehn Jahre nicht mehr gesehen hatte und die auf seinen Wunsch hin in Argenteuil Nonne geworden war. 1131 bestätigte Papst Innozenz II. die Urkunden über die Landschenkungen und sanktionierte die Einsetzung von Héloise als Äbtissin über die Gruppe von Nonnen, die sich um sie geschart hatten.

Die Briefe an ihren Mann legen offen, wie sie wegen der Trennung von ihm trauerte und litt. Bilder von den »Wonnen der Liebenden« befielen sie während des Gebets, und »wenn ich klagen sollte über das, was ich getan habe, so seufzte ich eher darüber, worauf ich zu verzichten hatte.« Sie fürchtete, ihr frommer Ruf sei bloßer Trug. Abaelard versuchte sie darüber zu beruhigen. In allen ihren gemeinsamen Erlebnissen sah er einen Sinn. Er ging sogar soweit zu schreiben, dass sie nun von der Last der Fleischeslust befreit seien. Er glorifiziert das keusche Leben: »Früher die Frau eines elenden Mannes, bist du jetzt erhoben zum Bett des Königs der Könige.« Als Priorin würde sie nun nicht nur in Schmutz und Schmerzen ein paar Kinder gebären, sondern im Jubel von zahlreicher Nachkommenschaft entbunden werden, nämlich der Nonnen, die ihrer geistlichen Obhut anvertraut waren.

Doch wie hätte Héloise ihr früheres Leben vergessen können, da sie ja einen Sohn hatte. In einem Brief bat sie Petrus Venerabilis, den Großabt des Klosters Cluny: »Würdest du, um der Liebe Gottes willen, meinen Sohn Astrolabius im Gedächtnis bewahren und ihm als Pfründe vom Bischof von Paris oder einem anderen Prälaten ein Kirchenamt besorgen?«

Kurz vor seinem Tode 1492 bat Abaelard seine Frau Héloise, ihn im Kloster »Le Paraclet« bestatten zu lassen, und zwar dort, wo sie selbst einst ruhen würde, was dann auch geschah. Nachdem das Kloster 1792 in der Zeit der Französischen Revolution geschlossen und fast restlos zerstört worden war, wurde 1817 zu Ehren von Héloise und Abaelard auf dem Pariser Friedhof Père Lachaise ein neugotisches Denkmal errichtet und die Gebeine des Liebespaares dorthin überführt. Der Dichter Friedrich Hebbel schrieb nach einem Besuch auf dem Friedhof: »Dann suchten wir das Grab von Abaelard und Héloise auf; es ist in gotischem Stil aus den Trümmern der von Abaelard erbauten Abtei errichtet. Dieses Grab wird von den Parisern viel besucht; die Liebenden schwören sich dort Treue.«

Eleonore von Aquitanien

* 1122 im Schloss Belim bei Poitiers
† 1204 in Fontevrault bei Saumur

Königin von Frankreich und England

»*Mater Carissima*«

(Richard Löwenherz)

Die »Hochzeit der Lilie mit dem Ölzweig« nannte ein Troubadour die Verbindung zwischen Eleonore, der fünfzehnjährigen Enkelin und Erbtochter Wilhelms X. von Aquitanien, mit Ludwig VII., dem Thronerben Frankreichs, am 15. Juli 1137. Eleonore brachte eine bedeutende Mitgift mit in die Ehe, nämlich das Herzogtum Aquitanien und die Grafschaften Poitiers und Gascogne. Bereits am 8. August wurde Eleonore Königin von Frankreich, da ihr Schwiegervater, König Ludwig VI., am 1. August verstorben war.

Im Jahr 1147 brach Eleonore mit ihrem Gemahl an der Spitze eines großen Heeres zu einem Kreuzzug ins Heilige Land auf. Auf der Synode in Clermont (1095) hatte Papst Urban II zu einem Kreuzzug aufgerufen, an dem auch Frauen teilnehmen durften. Nachdem aber 1096 ein erstes Kontingent aus Armen, Frauen und Kindern von den Seldschuken erschlagen worden war, beschloss der Papst, dass keine Frauen mehr an Kreuzzügen teilnehmen dürften. Eleonore machte sich trotz dieses Verbotes mit ihrem Mann auf den Weg nach Jerusalem. Der Kreuzzug sollte sich allerdings als Desaster erweisen.

In Antiochia empfing Fürst Raimund, Eleonores Onkel, die Kreuzfahrer auf das Herzlichste. Ludwig VII. bezichtigte jedoch seine Frau bald des Ehebruchs mit diesem. Die Folge: Zurückgekehrt nach Frankreich, kam es im März 1152 in Beaugency zu der Versammlung von Erzbischöfen, Bischöfen, Großen und Baronen Frankreichs, welche die Ehe des Königspaares wegen angeblich zu naher Verwandtschaft annullierte. Eleonore behielt ihre angestammten Güter, sie und Ludwig gewannen das Recht, eine zweite legitime Ehe zu schließen.

Eleonore begab sich in das feste Poitiers. Nur zwei Monate

49

später vermählte sich die schöne, leidenschaftliche und kluge Eleonore mit dem zehn Jahre jüngeren Heinrich Plantagenet, einem Sohn von Geoffrey le Bel, Graf von Anjou und Herzog der Normandie, dem Anwärter auf den englischen Thron.

Eleonores bevorzugte Residenz wurde Angers. Die Dichter fanden sich an ihrem Hof sein; der Troubadour Bernard von Ventadour erkor sie zu seiner »Herrin«. 1154 finden wir sie in Rouen. Am 25. Oktober starb König Stefan von England. Am Sonntag vor Weihnachten des Jahres 1154 wurden Heinrich und Eleonore in der Westminsterabtei gekrönt. Sie werden 20 Jahre lang den Thron innehaben und waren zusammen mächtiger als der König von Frankreich. Zu den beiden Töchtern aus erster Ehe gebar Eleonore noch weitere acht Kinder.

Als sich König Heinrich aber Rosamunde Clifford zuwandte, unterstützte Eleonore den Aufstand ihrer Söhne Heinrich des Jüngeren, Richard Löwenherz und Gottfried von der Bretagne gegen den eigenen Vater. Sie war über den Ehebruch ihres Mannes sehr erbost. Auf Wunsch König Heinrichs, ihres Gemahls, verfasste der Erzbischof von Rouen, Rotrou von Warwick, eine feierliche Strafpredigt, die der Königin ausgehändigt wurde. »Wir bedauern alle in einer gemeinsamen Klage, dass Du, eine so kluge Frau vor allen anderen, Dich von Deinem Gatten getrennt hast. Was noch schlimmer ist, Du hast die Frucht Eurer Leiber, Deines und des Königs, gegen ihren Vater aufgestachelt. Kehre doch zurück, o hochberühmte Königin, zu Deinem Gemahl und unserm Herrn ..., dem Du gehorchen und bei dem Du leben sollst.« Heinrich II. ließ daraufhin seine einst so mächtige Gemahlin in England einsperren. Sie lebte nun auf verschiedenen Burgen und durfte das Land nicht verlassen. Nach dem Tod ihres Mannes (1189) erlangte sie erneut Autorität.

Großes Glückgefühl empfand Eleonore, als ihr Lieblingssohn, der Drittgeborene Richard Plantagenet, genannt Richard Löwenherz (1157–1199), am 3. September 1189 in der Westminster Kathedrale in London zum König gekrönt wurde. 1192 trug sie dazu bei, während der Kreuzfahrt Richards die Rebellion ihres Sohnes Johann Ohneland in England zu unterdrücken und führte für Richard die Regentschaft. Eleonore ritt auch für ihren Sohn auf Brautschau nach Spanien, führte ihm die von ihr favorisierte junge Prinzessin Berengaria, Tochter des Königs Sancho von Navarra, zu und brachte sie ihm nach Messina. Auf dem Weg nach Sizilien kam es zu einem Treffen großer Persönlichkeiten: In Lodi begegneten sich Königin Eleonore und der deutsche Kaiser Heinrich VI. samt dessen Gemahlin Konstanze, Erbin des Normannenreiches. Die Krönung dieses Kaiserpaares vollzog Papst Cölestin am 14. April 1191, einem Ostersonntag, in Rom, wo er auch Königin Eleonore empfing.

Ihr Sohn Richard geriet bei seiner Rückkehr vom Kreuzzug in der Nähe von Wien in Gefangenschaft. Zunächst auf dem Dürnstein verwahrt, setzte ihn Kaiser Heinrich VI. später auf dem Trifels bei Annweiler in der Pfalz fest. Eleonore warf dem Papst vor, ihrem Sohn, dem königlichen Kreuzfahrer, nicht durch kirchliche Sanktionen geholfen zu haben. Drei von Eleonore signierte Briefe an den Papst sind erhalten und beginnen mit »Eleonore, durch Gottes Zorn Königin von England«. Die nun schon 72-jährige Königin schiffte sich von England aus mit dem geforderten hohen Lösegeld nach Deutschland ein. Am 2. Februar 1194 fand in Mainz ein Treffen mit Kaiser Heinrich VI. statt, bei dem der englische König durch die Fürsprache seiner Mutter wieder die Freiheit bekam. Ende März hielt er einen triumphalen Einzug in London, die Mutter an seiner Seite.

Der schlimmste Schicksalsschlag traf die Königin am 6. April 1199: Sie stand am Sterbett ihres geliebten Sohnes Richard Löwenherz. Von ihren fünf Söhnen war ihr nur einer geblieben: Johann Ohneland, ein haltloser, schwacher Mensch. Mit über 80 Jahren überschritt Eleonore nochmals die Pyrenäen und begab sich nach Burgos zu ihrer jüngsten Tochter Eleonore, der einzigen, die ihr noch geblieben war, Gemahlin des Königs Alfons VIII. von Kastilien. Von dort holte sie ihre Enkelin Blanca von Kastilien als Braut für Ludwig von Frankreich, den späteren König Ludwig VIII., ab.

Eleonore von Aquitanien gilt als die bedeutendste Königin ihrer Zeit. Sie verkehrte mit großen Persönlichkeiten, wie Bernhard von Clairvaux und Thomas Beckett. Sie förderte die Troubadourdichtung – schließlich war sie ja die Enkelin des ersten Troubadours, Wilhelms IV. von Aquitanien.

»Die Löwin von Aquitanien« Königin Eleonore schloss am 31. März 1204 die Augen für immer. Sie ruht in der Abtei

51

Fontevrault östlich von Saumur in einem Hochgrab zwischen ihrem zweiten Gemahl Heinrich und ihrem Sohn Richard Löwenherz, der sie »mater carissima« und »mater dulcissima« nannte – wahrlich eine unvergleichliche Frau!

KLARA VON ASSISI

* 1194 in Assisi
† 1253 in Assisi

Gründerin des Klarissenordens in Assisi

»Kleine Pflanze des seligen Franziskus.«
(KLARA VON ASSISI)

Im 12. Jahrhundert erfasste eine Armutsbewegung das gesamte Abendland – ein riesiger Protest gegen den Reichtum in Adel, Klerus und Bürgertum. Die Verkünder der freiwilligen Armut waren fast immer Laien. Verwirklicht haben diesen Armutsgedanken ganz besonders Franziskus von Assisi und seine geistliche Schwester Klara von Assisi. Chiara dei Scifi, 1194 in Assisi geboren, wurde Zeugin des Wandels im Leben des zwölf Jahre älteren Franz, den sie bestens kannte. Sein Verzicht auf jeglichen Besitz faszinierte sie.

Klara wurde als Tochter des Adligen Favarone di Offreduccio di Bernadino geboren. Als 18–jährige begegnete Klara zum ersten Mal dem Kaufmannssohn Giovanni Bernadone, der sich nun Franz nannte. Klara floh aus ihrem vornehmen Elternhaus und ging zu Franz in die Portiunkulakapelle der Kirche von Santa Maria degli Angeli in der Ebene unterhalb von Assisi. Nach der Legende soll Franz der jungen Klara ihre schönen langen Haare abgeschnitten haben, bevor er ihr das graue Ordensgewand und den Schleier übergab. Eine Locke befindet sich bei den Reliquien in Assisi.

Zunächst begab sich Klara in ein Benediktinerinnenkloster. Ihre Schwester Agnes, die von Zuhause fortgelaufen war, um zu Klara zu kommen, sollte von ihren männlichen Verwandten mit Gewalt zurückgeholt werden. Doch ihr Körper wurde auf mysteriöse Weise so schwer, als ob sie Blei gegessen hätte, dass man ihn nicht bewegen konnte. Zusammen mit ihrer später verwitweten Mutter und einigen weiteren Gefährtinnen richteten sie sich ein »Nestchen der Armut« bei dem Kirchlein San Damiano ein, wo in der Folgezeit ein kleines Kloster entstand. Es war der Beginn des Klarissenordens, des Zweiten Ordens der Franziskaner. Franziskus erstellte für die Frauen eine kurze schriftliche Anweisung für das tägliche Leben. Franziskus betreute Klara und ihre geistlichen Schwestern als Priester, für alle anderen Gemeinschaften, die in seinem Namen gegründet worden waren, lehnte er die Verantwortung jedoch ab. Er beharrte auf der strengen Klausur für Frauen. Klara überlebte mit ihren Frauen, indem sie für die Altartücher von Assisi Leinen spannen und webten, selbst dazu war ein päpstlicher Dispens erforderlich gewesen.

Um 1215 erlangte Klara von Papst Innozenz III. das »Privilegium paupertatis«, das »besondere Recht der Armut«, sogar der Bettelarmut. Als ihr aufrichtiger Verehrer, Kardinal Ugolino, als Gregor IX. zum Papst gewählt worden war, lag ihm daran, den Schwestern ihr Los zu erleichtern und ihnen feste Einkünfte zu verschaffen. Klara jedoch bat ihn: »Heiliger Vater, sprich mich los von meinen Sünden, aber entbinde mich nicht von der Nachfolge Jesu.« Klara wünschte eine Gemeinschaft, die »nur reich an Armut« sein sollte, um frei von den weltlichen Dingen Christus nachfolgen zu können. »Selige Armut, die denen, die sie lieben, ewige Reichtümer verbürgt.«

Klara bezeichnete sich selbst als die »kleine Pflanze des seligen Franziskus«. Dieser wiederum fühlte sich gehalten, für seine Schwester im Geiste, seine »Herrin«, allzeit zu sorgen. Als großes Glück empfand es Klara, dass Franziskus im Sommer 1225 in einer Schilfhütte in dem kleinen Klostergarten seinen bis heute anrührenden »Sonnengesang« verfasste. Nach seinem Tod am 3. Oktober 1226 trugen die Gefährten seinen Leichnam nach San Damiano, ehe er in der Kirche von San Giorgio in Assisi beigesetzt wurde.

Klaras Mut und Gottvertrauen haben viele ihrer Zeitgenossen beeindruckt. Und dabei war die immer schon schwächlich gewesene Frau ab 1224 ständig ans Bett gefesselt. Die Legende erzählt, dass Klara mit ihrer Gabe, Wunder zu vollbringen, erreicht habe, dass die Sarazenen Kaiser Friedrichs II. bei ihren Einfällen in Assisi in den Jahren 1230 und 1241 das Kloster S. Damiano jedes Mal verschonten. Klara empfing die Besuche von Papst Innozenz IV. und der Ermentrudis von Köln, die in den Klarissenorden eintrat.

Über 40 Jahre lang kämpfte sie für die Approbation ihrer Ordensregeln, die ihr Papst Innozenz IV. am 9. August 1253 gewährte. Zwei Tage später, am 11. August 1253, schloss die Ordensgründerin für immer die Augen. Klara wurde zuerst in der Kirche S. Giorgio in Assisi beigesetzt, bis 1265 das angebaute Gotteshaus S. Chiara fertig gestellt war und die Gebeine dorthin übertragen werden konnten. Unversehrt ruht der Leichnam der Heiligen bis zum heutigen Tag in der modernen Krypta. Die Heiligsprechung der Nonne erfolgte schon zwei Jahre nach ihrem Tod am 15. August 1255 durch Papst Alexander IV.

Als Klara von Assisi starb, gab es bereits 70 Klarissenklöster. Etwa ab dem 13. Jahrhundert nannten sich die Schwestern Klarissen, nicht Franziskanerinnen. Sie erkannten weder Franziskus noch Benedikt als Urheber ihrer Regel an, doch brauchten sie noch stets eine päpstliche Approbation, wenn sie sich ohne Ausstattung zusammentun und von ihren eigenen Verdiensten ernähren wollten. Heute besteht der Orden aus 494 Klöstern mit etwa 11.000 Nonnen. Ein Reformzweig sind die Klarissen-Kapuzinerinnen mit ca. 137 Klöstern.

Die heilige Klara ist die Patronin der Klarissen, die Patronin ihrer Heimatstadt Assisi, aber auch die der Wäscherinnen, Vergolder, Stickerinnen, Glaser und Glasmaler. Sie wird angerufen bei Fieber und Augenleiden und ist heute auch die Patronin der Blinden. Mit Hilfe des so genannten »Klara-Wassers«, gesegnet in S. Chiara in Assisi, versuchen an Augenkrankheiten leidende Menschen, Heilung zu erlangen. Aufgrund ihrer Entrückungen und Visionen wurde sie 1958 von Papst Pius XII. zur Patronin des Fernsehens erklärt.

Im Dom von Assisi steht zu Beginn des rechten Schiffes ein Taufbecken, in dem der heilige Franziskus und die heilige Klara, wie auch Kaiser Friedrich II. getauft worden sind. Sehr schön ist ebenfalls das Fresko der Klara von Assisi von Simone Martini in der Kapelle der Unterkirche der Basilika San Francesco in Assisi (14. Jh.).

Die Lebensmaxime der heiligen Klara lautet:

»Ertragt mit Frohsinn, ertragt mit Geduld die Last der Armut, demütigt die Bürde der Not; die daraus erwachsende Beharrlichkeit wird um der Anschauung Gottes willen den Ausharrenden die Freuden des Paradieses, die Reichtümer des ewigen Lebens erwerben.«

MARIE DE FRANCE

* um 1130 unbekannt
† 1200 unbekannt

Französische Dichterin

*»Denn gar sehr lieben sie und halten sie wert Grafen, Barone
und Ritter. Diese lieben sehr ihre Schriften, lassen sie lesen
und haben ihre Lust daran.«*

Marie de France ist die früheste bekannte und schon bei ihren Zeitgenossen berühmte französische Dichterin. Über ihre Person und Leben ist jedoch kaum etwas bekannt. Sie schrieb über sich: »Marie ai nom, si suis de France.« (»Ich heiße Marie und bin aus Frankreich«). Als sicher darf angenommen werden, dass sie aus Compiègne an der Oise, der Landresidenz der französischen Herrscher im Mittelalter, stammte. Marie beherrschte neben ihrer Muttersprache Französisch auch fließend Latein und Englisch.

Die gebildete Dichterin ist möglicherweise mit der illegitimen Tochter Gottfried IV. von Anjou, der Halbschwester Heinrichs II. Plantagenet und späteren Äbtissin von Shaftesbury, identisch. Zweifelsohne lebte sie längere Zeit am Hof von Heinrich II. in England, dem sie, wie heute allgemein angenommen wird, ihr literarisches Meisterwerk »Les Lais« (laid bedeutet altirisch »Lied«) widmete. Es handelt sich bei dem Werk um Versnovellen, deren Länge zwischen 100 und 1000 Versen schwankt. Die in ihrer Zeit vom adligen Publikum hochgeschätzten Versnovellen wurden auf Veranlassung von König Håkon (1217–1263) ins Altnordische übersetzt und trugen den Titel »Strengleiker«. Hauptmerkmal ihrer Erzählweise ist die Verbindung von märchenhaften Elementen der bretonischen Sagen, mit keltischen Volksepen und Motiven der antiken Sagenwelt. Das Werk von Marie de France war so erfolgreich, dass auch andere Dichter ihre Schriften »Lais« nannten.

Marie de France hinterließ zauberhafte Liebesgeschichten, die mit großem psychologischem Einfühlungsvermögen verfasst sind. Ihr Werk »Le Chèvrefeuille« (»Geißblatt«), eine Episode aus der Legende des »Tristan«, beinhaltet den berühmten Vers, den der Held zu Isolde sagt: »Ni vous sans moi, ni moi sans vous« (»Weder euch ohne mich, noch mich ohne euch«). Die Legendendichtung »Das Fegefeuer des heiligen Patrick« wurde von Marie de France ins Altfranzösische übersetzt und überarbeitet. Sankt Patrick, der Irenmissionar, soll auf der Insel im Laugh Derg (Roter See) in Irland ein Kloster gegründet haben, das heute noch das Ziel einer der berühmtesten und mühseligsten Wallfahrten ist. Die Patrick-Legende wurde europäisches Volksgut, aus dem Dante einzelne Züge in seine »Divina Comedia« übernahm.

Als literarische Kostbarkeiten galten die von Marie de France ins Französische übersetzten Äsopschen Fabeln (»Ysopet«). Zwei ihrer Werke, nämlich »Fresne« und »Lanval«, wurden ins Englische übersetzt. Nach dem Tod der Dichterin geriet ihr Werk schnell in Vergessenheit und wurde erst im 18. Jahrhundert wieder entdeckt.

Ein Zeitgenosse urteilte über Marie de France: »Und Dame Marie ebenfalls, die in Reimen schuf und baute und verfasste Verse der ‚Lais‘, die ganz und gar nicht wahr sind; und doch wird sie darum viel gelobt und ihr Reim allenthalben geliebt.«

Elisabeth von Thüringen

* 1207 auf der Burg Sàrospatak (Ungarn)
† 1231 in Marburg

Landgräfin und Heilige

> *»Wenn sie mir nur die Wartburg nicht verschenkt«.*
>
> (Ludwig IV., Elisabeths Gemahl)

Am 17. November 1231 starb in Marburg Elisabeth Landgräfin von Thüringen im Alter von 24 Jahren. Kaum vier Jahre
später, am Pfingstfest des Jahres 1235, wurde sie durch Papst
Gregor IX. in der Dominikanerkirche von Perugia heilig gesprochen. Zehn Jahre danach erhielt der goldene Schrein in
Marburg, der drei Jahrhunderte lang ihre Reliquien bergen
sollte, die Inschrift: »Gloria Teutoniae« – Ruhm der deutschen
Lande.

Das Ansehen der Landgräfin von Thüringen ging weit über
die Grenzen des Reiches hinaus. Eine besondere Verehrung
für sie blühte von Anfang an in Bayern, besonders in Andechs,
denn ihre Mutter Gertrud stammte aus dem dortigen Adelsgeschlecht. Elisabeth ist als einer der schönsten Sterne in dem
»Andechser Heiligenhimmel«, einem Kuppelfresko, das Johann Georg Bergmüller (1736) in der Dießener Klosterkirche
malte, aufgenommen.

Die jung gestorbene Heilige kam 1207 auf der in Nordun-
garn liegenden Burg Sàrospatak zur Welt. Mit vier Jahren wurde das Kind schon zum Werkzeug der Politik. Man brachte
das kleine Mädchen mit einem reichen Brautschatz versehen
zu ihrem Verlobten, dem Landgrafensohn Hermann, nach
Thüringen. Als Elisabeth 14 Jahre alt war, fand die prunkvolle
Hochzeit statt, doch nicht mit Hermann, der zuvor gestorben
war, sondern mit seinem 20 Jahre alten Bruder Ludwig. Sechs
Jahre sollte diese glückliche Ehe dauern, drei Kinder – Hermann, Sophia und Gertrud – schenkte Elisabeth ihrem Mann,
der bereits am 11. September 1227 auf einem Kreuzzug unter
Kaiser Friedrich II. in Apulien starb.

Die junge Gräfin kümmerte sich besonders um die Ärmsten

in ihrem Land. Sie stieg von der Wartburg herab in die Armen-
viertel und leistete Hilfe. Ihr Mann verteidigte sie gegen alle
Angriffe, denen sie sich wegen ihres unhöfischen Lebensstiles
von Seiten des Adel ausgesetzt sah: »Wenn sie mir nur die
Wartburg nicht verschenkt, bin ich's wohl zufrieden.«

Als nach Ludwigs Tod dessen jüngerer Bruder Heinrich
Raspe die Macht in Thüringen übernahm, stellte er seine
Schwägerin vor die Wahl, sich dem höfischen Leben anzupas-
sen oder die Wartburg zu verlassen. Die Witwe ging mit ihren
Kindern nach Marburg und gründete dort ein Krankenhaus,
in dem sie jene Kranken pflegte, die in keinem anderen Spi-
tal Aufnahme fanden. Elisabeth nannte es nach dem heiligen
Franziskus, dessen Armutsbewegung sie anhing. Sie hatte
Franziskaner nach Thüringen geholt und ihnen eine Kirche in
Eisenach überlassen. »Sie bediente die Kranken eigenhändig
und frohen Herzens.«

Als sie während der schrecklichen Hungersnot von 1225/26
Gelder aus der Staatskasse nahm, um viele Arme vor dem
Hungertod zu retten, wurde sie von ihrer Familie wegen Geld-
verschwendung angeklagt. Unter dem Druck ihres strengen
Seelenführers Konrad von Marburg entschloss sie sich 1228
schweren Herzens, sich von ihren Kindern zu trennen, um als
Terziarierin dem Franziskanerorden beizutreten. Die letzten
drei Jahre ihres jungen Lebens verbrachte sie in völliger Selbst-
aufgabe. Sie versuchte, durch Buße, Selbsterniedrigung und
Armut eine radikale Nachfolge Christi zu verwirklichen.

Elisabeths Schwager Konrad trat in den deutschen Orden
ein und betreute mit seinen Mitbrüdern nicht nur die Stif-
tungen der Gräfin, sondern begann auch den Bau einer großen
Kirche zu ihrer Ehre, wohin 1235 in Anwesenheit von Kaiser
Friedrich II. ihre Gebeine überführt wurden.

Der Elisabethenschrein, das Meisterwerk eines unbekannten
Goldschmieds, ist über und über mit Edelsteinen besetzt und
mit Filigranarbeiten geschmückt. Im nördlichen Kreuzarm des
gotischen Bauwerks befindet sich das Grab der Heiligen, das
ein steinerner Baldachin aus dem Jahr 1280 überspannt. Die
Reliquien sind nicht mehr vorhanden. Landgraf Philipp von
Hessen hatte den Großteil der Gebeine 1539 entfernen lassen,
um die Verehrung zu beenden, was ihm aber nicht gelang. Das
Haupt und zwei Beinknochen befinden sich seit 1588 im Klo-

ster der Elisabetherinnen an der Landstraße in Wien. Weitere Reliquienteile bewahrt das Historische Museum in Stockholm in einem kostbaren Reliquiar auf. In Andechs, wo Elisabeth als die zweite Patronin der Klosterkirche verehrt wird, werden in der gotischen Reliquienkapelle den Pilgern das Brautkleid und ein Brustkreuz der Heiligen gezeigt.

Wallfahrten zur heiligen Elisabeth gibt es bis zum heutigen Tag: So kamen 1957 zum 750. Geburtsjubiläum 80.000 Wallfahrer nach Erfurt. Verehrt wird Elisabeth vor allem in Ungarn und Schlesien, aber auch in England, Spanien und Mexiko. Sie ist die Patronin von Hessen und Thüringen. Die Heilige genießt nicht nur im Franziskanerorden, sondern auch bei den Dominikanern (seit 1244) und den Zisterziensern (seit 1236) hohe Verehrung. Vereine zur Krankenpflege und Armenfürsorge nennen sich nach ihr. Es entwickelten sich verschiedene Frauenorden, darunter die »Elisabethinnen« (1622 in Aachen gegründet), oder auch die »Schwestern von der heilige Elisabeth«.

Im 19. Jahrhundert, als die Verehrung der Heiligen zu neuen Ehren kam, bildeten sich neue religiöse Gemeinschaften, so zum Beispiel die »Barmherzigen Schwestern von der heiligen Elisabeth« in Essen-Bredeney. Auch in Padua und Neapel entstanden solche Vereinigungen.

Das Leben dieser großen Frau hat viele Künstler inspiriert, so zum Beispiel Hans Holbein, Tilmann Riemenschneider oder Murillo. Mit einem Kirchenmodell sieht man sie auf einem Relief im Magdeburger Dom (um 1340) abgebildet, mit Broten bei einer Statue im Münster von Straßburg (um 1360).

Sehr beeindruckend ist der großartige Lübecker Elisabeth-Zyklus. Elisabeth gehört zu den großen Frauengestalten der katholischen Kirche. »Heilige der Gerechtigkeit« und »eine der zartesten, innigsten und liebenswertesten Heiligengestalten des Mittelalters« wird sie genannt. Alban Stolz, Professor für Pastoraltheologie, schrieb über sie: »Man kann wohl sagen, dass außer der Mutter Gottes noch keine weibliche Person eine größere, weiter verbreitete Verherrlichung auf Erden gefunden hat als die heilige Elisabeth.«

Mechthild von Magdeburg

* um 1210 im Erzbistum Magdeburg
† 1282 in Kloster Helfta in Eisleben

Eine der bedeutendsten Mystikerinnen Mitteleuropas

»*Dieses Buch ist begonnen in der Liebe, es soll auch enden in der Liebe. Denn es ist nichts so weise, noch so billig, noch so schön, noch so stark, noch so vollkommen – wie die Liebe.*«

(Mechthild von Magdeburg)

Im Jahr 1230 wurde in Köln ein erster Beginenkonvent erwähnt. Beginen nannte man junge Frauen und fromme Witwen, die, ohne ein ewiges Gelübde abzulegen, in Gemeinschaft miteinander lebten und deren Häuser oft in der Nähe von Klöstern oder Kirchen lagen, so dass sie von dort einen geistlichen Beistand hatten. Obwohl in vielen Beginenhäusern Frauen durch gemeinsame Arbeit materielle Versorgung erfuhren, war das Zusammenleben nicht immer unproblematisch.

Auch die aus einem alten sächsischen Adelsgeschlecht stammende Mechthild stellte sich als Begine unter den Schutz eines Klosters: Sankt Agnes bei Magdeburg. Sie lebte nach den Regeln der Dominikaner. Als Mädchen von zehn Jahren erlebte sie ihre erste Vision– sie selbst verstand ihre Erscheinungen als »Gruß« des Heiligen Geistes – und hat danach noch viele weitere erfahren. Während einer Spanne von einunddreißig Jahren hatte sie täglich eine Vision.

Aufgrund der vielen Verleumdungen, die sie wegen ihrer Erlebnisse zu erleiden hatte, floh Mechthild 1268 in das Zisterzienserinnenkloster zu Helfta in Sachsen, das zum bedeutendsten deutschen Zentrum der Frauenmystik wurde. Sie unterwarf sich harten Bußübungen, Geißelungen und einer Askese, die bis an die Grenzen der Erkrankung ging. Mit über 60 Jahren legte sie die Profess ab.

Etwa ab 1250 schrieb sie ihre mystischen Erfahrungen in Hymnen und Versen nieder. Das geschah vor allem auf Zuspruch ihres Beichtvaters Heinrich von Halle.

61

Im Kloster Helfta vollendete sie ihr großes mystisches Werk »Das fließende Licht der Gottheit«, an dem sie insgesamt drei-ßig Jahre lang arbeitete. Ursprünglich in Niederdeutsch ab-gefasst, ist es nur in der mittelhochdeutschen Übertragung Heinrichs von Nördlingen aus dem vierzehnten Jahrhundert erhalten. Diese Handschrift gehört zum kostbarsten Besitz der Klosterbibliothek von Einsiedeln in der Schweiz.

Mechthilds Werk nimmt in der theologischen Ausrichtung sowie in der Bildersprache Traditionen der Mystik auf: die vom Hohen Lied bestimmte Mystik Bernhards von Clairvaux, Davids von Augsburg, Hildegards von Bingen und Gregors des Großen. Aber auch Einflüsse Wilhelms von Saint-Thierry, Hugos und Richards von Sankt Victor sind spürbar. Mechthild hatte für die schöpferische Liebesbeziehung zwischen Gott und der Seele eine breite Palette von Ausdrucksformen entwi-ckelt, von denen manche stark an die höfische Minnedichtung erinnern.

In Mechthilds Vorstellung lädt der Herr die Seele zum Tanz ein, die Seele entkleidet sich und nähert sich dem Brautbett, wo auch die Hochzeitsnacht stattfindet. Die Gottheit fließt über von Liebe, in welche die Seele in der Vereinigung dahin schmilzt; beide vergehen in der Gewalt der Umarmung. Mechthild wur-de von heiligem Verlangen nach der Vereinigung verzehrt, in der ihre Seele den Weg zum »göttlichen Liebhaber« gefunden haben würde. Die Seele rief: »Wirf mich nieder, unter Dich, mit Freuden würde ich geraubt!«, und der Bräutigam ergötzte sich an der Schönheit der Seele:

> »Du bist mein Lagerkissen,
> Mein Minnebett,
> Meine himmlische Ruhe,
> Meine tiefste Sehnsucht,
> Meine höchste Herrlichkeit.
> Du bist eine Lust meiner Gottheit,
> Ein Trost meiner Menschheit,
> Ein Buch meiner Hitze.«

Mechthild von Magdeburgs Werke gelten als eines der be-eindruckendsten Beispiele der deutschen Frauenmystik und zeigen die Höhe der Frauenbildung im Mittelalter.

Mechthild empfing, wie andere Visionärinnen, aus ihren Visionen mehr als spirituellen Lohn allein. Dass sie sich von Gott erwählt fühlte, verlieh ihr ein Vertrauen, am reformatorischen Eifer ihrer Zeit teilzunehmen. So nannte Mechthild von Magdeburg die Kirche eine Jungfrau, die sich beschmutzt habe, da sie unrein und unkeusch geworden sei. Sie beschrieb mit all den Sündern ringsum die Schrecken der Hölle und des Fegefeuers und sandte Briefe mit Ratschlägen und Warnungen an weltliche und geistliche Führer. Als ihre Schriften kritisiert wurden, berief sie sich auf Gott – »Du selbst hast mich geheißen, sie zu schreiben« – und fühlte sich gewiss, dass sie in ihrem Buch die Wahrheit geschrieben habe. »Er, der es aus meiner Hand nehmen will, muss stärker sein als ich«, verkündete sie.

Als Mechthild von Magdeburg ins Kloster Helfta kam, war Gertrud von Hackeborn (1241–1299) Äbtissin, der auch ihre Schwester Mechthild ins Kloster gefolgt war. Diese übernahm später die Leitung der Klosterschule und wurde die erste Mystikerin im Kloster Helfta. Im Jahre 1261 wurde ihr die fünfjährige Gertrud als Schülerin anvertraut, die später »die Große« genannt werden sollte. Diese hatte mit 25 Jahren ihre erste Vision, die sie zu ihrem Werk mit dem Titel »Gesandter der göttlichen Liebe« inspirierte. Gertrud von Hackeborn begann erst im Alter von fünfzig Jahren über ihre mystischen Erfahrungen zu sprechen, die sie als »Buch der besonderen Gnade« veröffentlichte. Mit Gertrud der Großen begann frömmigkeitsgeschichtlich gesehen die intensive Verehrung des »Herzens Jesu«.

Alle drei Mystikerinnen beschrieben, wie sie innerlich ihren eigenen Willen niederrangen, damit sie empfänglich würden für die spirituelle Erfahrung. Mechthild von Magdeburg verfasste dazu folgende Zeilen:

> »Als ich zum geistlichen Leben kam
> und von der Welt Abschied nahm,
> da sah ich meinen Leib an:
> Der war kräftig gewaffnet
> gegen meine arme Seele
> mit großer Fülle einer starken Macht
> und mit vollkommen natürlicher Kraft.

Das sah ich wohl, dass er mein Feind war,
und sah auch: Wollt ich dem ewigen Tod entrinnen,
so musst ich ihn niederzwingen
und musste mit dem Streit beginnen.«

Als Gedenktag für die Mystikerin und Schriftstellerin Mechthild gilt der 15. August. Es wurde ihr auch ein literarisches Denkmal gesetzt: Als »Matelda«, die »schöne Frau«, ging Mechthild in Dantes »Göttliche Komödie« ein und zeigte dem Dichter das »irdische Paradies«.

KATHARINA VON SIENA

* 1347 in Siena
† 1380 in Rom

Mystikerin und Kirchenlehrerin

»Diese Frau und ihr Leben sind eines der größten Wunder der
Geschichte, auch für den, der nicht an Wunder glaubt.«

(GELEHRTE FRANZ XAVER KRAUS)

Zwei Frauen tragen in der katholischen Kirche den Titel Kirchenlehrerin: Theresia von Ávila und Katharina von Siena. Es war Papst Paul VI., der die beiden Heiligen, in einem Abstand von nur sieben Tagen, mit diesem Titel geehrt hat. Katharina von Siena wurde am 4. Oktober 1970 zur Kirchenlehrerin ernannt.

Im Jahr 1999 ernannte man Katharina zur Schutzpatronin Europas. Sie ist seit 1939 die Hauptpatronin von Italien und seit 1866 die zweite Patronin von Rom, außerdem gilt sie als Schutzherrin der Sterbenden, der Wäscherinnen und steht für die Vorsorge gegen Feuer sowie gegen Kopfschmerzen und die Pest. Ihr Namensfest wird am 30. April begangen.

Caterina Benincasa war die Tochter eines begüterten Tuchfärbers in Siena. Sie soll schon früh das Gelübde der Keuschheit abgelegt haben. Bereits als sechsjähriges Kind hatte sie ihre erste Vision: Sie sah über dem Dach der Dominikanerkirche Jesus Christus sowie die Apostel Petrus, Paulus und Johannes. Im Alter von zwölf Jahren sollte sie verheiratet werden, verweigerte dies allerdings ihren Eltern gegenüber. Zum Zeichen der Absage an alles Weltliche schnitt sie ihre Haare ab und trat mit 18 Jahren den Dominikanertertianerinnen bei. Katharina beschrieb sich dem Papst gegenüber selbst als eines von den Schafen außerhalb des Schafpferchs, denn sie war keinem Orden im strengen Sinne beigetreten.

Ihr Geburtshaus, heute eine Gebetsstätte, in der Via S. Caterina in Siena ist zugänglich. Im Untergeschoss befindet sich der einstige Wohnraum der Heiligen mit Reliquien. In einer der beiden Kapellen im Obergeschoss findet man das Kruzifix, vor dem Katharina Visionen hatte, sich kasteite und am 1. April 1375 die Wundmale Christi (Stigmata) empfing, die sie bis zu ihrem Tod verborgen hielt. In ihrer seherischen Begabung, in ekstatischen Zuständen des Gebets wurden ihr Erscheinungen zuteil: So reichte ihr Christus den Brautring. Statt eines goldenen Ringes wählte sie in einer solchen Verzückung die Dornenkrone und empfing dann die Wundmale.

Mit inständigem Gebet erflehte sie für Mutter und Vater die Lösung aus dem Fegefeuer, deren Schuldpein sie auf sich nehmen wollte. Legenden berichten weiter, wie sie bei einer Teuerung Brot aus dem als verdorben geltenden Mehl gebacken habe und somit viele vor dem Hungertod erretten konnte.

Mit 23 Jahren gehorchte sie dem Befehl ihrer Offenbarungen »hinaus in die Welt zu gehen und Seelen zu gewinnen.« Den Ruf ihrer außergewöhnlichen Frömmigkeit und Heiligkeit verdankte sie, ähnlich wie die heilige Elisabeth, der hingebungsvollen Pflege von Kranken, Sterbenden und den Opfern der verheerenden Pestepidemie von 1374.

Um 1370 wurden Katharinas Offenbarungen von wichtigen kirchlichen Würdenträgern wie Raimund von Caqua, dem späteren Ordensmeister der Dominikaner, der ihr Beichtvater geworden war, voll anerkannt. Raimund von Caqua verfasste nach ihrem Tod ihre Biographie »Leganda major«.

Katharina begann mit dem Selbstvertrauen einer Visionärin aufzutreten. Sie beschrieb der Königin von Neapel, Giovanna von Anjou, ihre Gefühle: »Nachdem unsere Seele durch Furcht befreit worden ist, stürmt sie in vollständiger Besorgtheit voran und verjagt jede Sünde und jeden Fehler.« Mit der Hilfe ihres Sekretärs, des Dichters Neri di Landoccio di Pagliaresi, verfasste sie zahlreiche Briefe, von denen 381 erhalten sind, ein Zeugnis der großen mystischen Begabung der Heiligen. Sie versöhnte Sieneser Familien, ermahnte Kardinäle und erteilte Päpsten ihren Rat.

Seit etwa 1374 stand Katharina in Kontakt mit Papst Gregor XI. Ein neuer Kreuzzug, die Rückkehr der Päpste von Avignon nach Rom und die Reform der Kirche waren ihre kirchenpolitischen Ziele. Im Sommer 1376 war sie nach Avignon gereist und versuchte, allerdings vergeblich, zwischen Papst Gregor XI. und dem aufrührerischen Florenz zu vermitteln. 1377 gelang es ihr dennoch den Papst in seinem Entschluss zu bestärken, das Exil der Päpste in Avignon zu beenden.

Als 1378 das Abendländische Schisma ausbrach, stellte sich Katharina auf die Seite des rechtmäßigen Papstes Urban VI. und forderte dessen Anerkennung. Auf seinen Wunsch hin zog sie nach Rom. Auflehnung gegen die päpstliche Autorität als solche war ihr jedoch fremd. So formulierte sie in ihrem Brief 207: »Und selbst wenn der Papst ein fleischgewordener Teufel wäre, statt eines gütigen Vaters, so müssten wir ihm dennoch gehorchen, nicht seiner Person wegen, sondern Gottes wegen. Denn Christus will, dass wir seinem Stellvertreter gehorchen.«

Katharina von Siena starb am 30. April 1380 erst 33 Jahre alt. In der Stunde ihres Todes hatte sie die Worte gesprochen: »Seid überzeugt, dass die einzige Ursache meines Todes die Glut für die Kirche ist, die mich verzehrt.« In S. Maria sopra Minerva in Rom ruht ihr Leib bis heute unversehrt in einem Glasschrein in der Mensa des Hauptaltars. Dort ist auch eine Grabstatue der Heiligen von 1450 zu sehen. Von der Sakristei aus gelangt man in das Sterbezimmer Katharinas.

Die Kirche S. Domenico in Siena bewahrt eine Reihe bedeutender Werke der sienesischen Malerei. Vor der Fassade, in der sogenannten Capella delle Volte, einem kreuzgewölbten Raum, ist das berühmte Katharinen-Fresko des Andrea Vanni (1370) erhalten. Der Maler, der von der Heiligen ihr »dolce fratello in Gesù« genannt wurde, war mit ihr befreundet gewesen. Katharina ist im Ordensgewand dargestellt, in der Linken die Lilie als Zeichen der Unschuld. Sie reicht einer Bußfertigen die Hand zum Kusse dar. Es handelt sich um das einzige authentische »Bildnis« der Heiligen – soweit man im späten 14. Jahrhundert von »Porträt« im unserem heutigen Verständnis sprechen kann.

Die Katharinenkapelle war 1488 errichtet worden. Vor der Rückwand steht der Marmor-Tabernakel von Giovanni di Stefano (1466) mit dem modernen Reliquiar für das Haupt der heiligen Katharina. Rechts und links des Altars, in einer körperhaft wirkenden, mit Grotesken geschmückten gemalten Architektur die Darstellungen »Verzückung« und »Ohnmacht der Heiligen«; an der linken Wand der Kapelle findet sich »Die Heilige spendet dem zum Tode verurteilten Niccolò di Tuldo

Trost«, und gegenüber ist die »Heilung eines Besessenen« zu betrachten.

Der berühmte Maler Tiepolo stellte Katharina mit einer Dornenkrone dar, der Maler Fra Angelico zeigt die Heilige in S. Marco in Florenz schon 1430 mit einem Herzen in der Hand. In einem Altargemälde im Dominikanerinnenkloster St. Josef wird die Heilige als Fürsorgerin mit Pestkranken gezeigt. Abgebildet wurde sie in der Tracht der Dominikanerterzianerinnen mit langem weißem Kleid mit dunklem Mantel.

Die von der Gestalt her kleine Katharina von Siena, aber groß an Geist und Würde, nennen die Italiener die »größte Frau der Christenheit«, die schon 1461, 80 Jahre nach ihrem Tod, durch Papst Pius II. heilig gesprochen wurde.

CHRISTINE DE PISAN

* 1364 in Venedig
† nach 1429 in Poissy

Erste Frauenrechtlerin

> *»Ich besaß plötzlich ein starkes tapferes Herz, und wunderte mich darüber; dies zeigt mir jedoch, dass ich wahrhaftig ein Mann geworden war.«*
>
> (CHRISTINE DE PISAN)

Die fruchtbarste und erfolgreichste Schriftstellerin an einem Hof war Christine de Pisan, die mit ihren Werken ihren Lebensunterhalt zu bestreiten hatte. Anfänglich war ihre Berühmtheit stärker dem Umstand zu verdanken, dass sie eine Frau war, als der Originalität ihrer Dichtung. Doch es dauerte nicht lange, bis Zeitgenossen ihr Talent anerkannten.

Zum Schreiben kam sie aus einer schwierigen materiellen Situation heraus: »Mein Äußeres und meine Kleidung verrieten kaum etwas von den Sorgen, die mich bedrückten; unter meinem pelzgefütterten Mantel und dem abgeschabten scharlachfarbenen Überwurf spürte ich jedoch nur allzu oft Angst und zitterte sehr, und in meinem prächtigen wohl geordneten Bett verbrachte ich viele schlaflose Nächte. Schmalhans war Küchenmeister: So gehörte es sich eben für eine schwache Witwe. Gott allein weiß, was ich auszustehen hatte, wenn bei mir Zwangsvollstreckungen ausgeführt wurden und die Schergen der Justiz mir mein jämmerliches Hab und Gut davontrugen... Oh Gott, wie viele Belästigungen und widerliche Blicke, wie viel Spott aus dem Munde angetrunkener Männer, die selbst im Überfluss lebten, musste ich mir gefallen lassen.« Diese Zeilen sind ein beredtes Zeugnis der Lebenssituation einer früh verwitweten Frau und stammen aus dem stark autobiographischen Roman »Avision Christine«, den Christine de Pisan um 1410 verfasst hatte.

Christine, in Venedig geboren, kam mit ihren Eltern als Vierjährige nach Paris, wohin ihr Vater, der Astrologe Tommaso di Pizzano, von Karl V. als Astrologe und Leibarzt berufen worden war. Das Mädchen erhielt Unterricht in Französisch, Latein, Arithmetik und Geometrie. Mit 15 Jahren wurde sie mit dem zehn Jahre älteren Notar Etienne Castel verheiratet und lebte als Hofdame bis zum plötzlichen Tod ihres Mannes im Jahr 1390, als sie 26 Jahre alt war. Nun hatte sie für ihre drei Kinder, zwei unmündige Brüder und ihre Mutter zu sorgen. Die Witwe versuchte mit Hilfe früherer Freunde ihres Mannes, die ihrem Mann geschuldeten Beträge einzutreiben, sogar auf gerichtlichem Wege. Doch mit Argumentieren und Bitten erreichte sie wenig und suchte schließlich eine Möglichkeit, selbst Geld zu verdienen.

Der Graf von Salisbury in England nahm 1397 ihren Sohn in sein Gefolge auf. Ihre Tochter erhielt Zugang zum Kloster Poissy, das Aristokratinnen vorbehalten war. Dort verbrachte auch Christine ihren Lebensabend.

Das für ihre Kinder verfasste Erziehungsbuch, das »Buch der Klugheit«, verkaufte sie dem Herzog von Burgund, Philipp dem Kühnen. Bei einem Dichterwettbewerb fanden ihre Balladen 1390 großen Anklang. Von 1399 bis 1405 schrieb sie nach eigener Aussage fünfzehn Bände und ließ ihre Bücher von der Handschriftenmalerin Anastasia mit schönen Miniaturen verzieren. Der Herzog von Berry, der große Ästhet, zählte ebenso zu ihren Kunden wie Herzog Johann von Burgund, der 1406 Christines Geschichtswerk »Buch der Taten und guten Sitten Karls V.« erwarb.

Die Schriftstellerin beschäftigte sich mit aktuellen politischen Themen, wie etwa in ihrem »Buch über den Frieden«. Sie kämpfte als erste Frau im Mittelalter für die Rechte der Frauen. In ihrem Werk »Die Stadt der Frauen« forderte sie keine Neuordnung der sozialen Rollen, sondern die Verteidigung der Frauen gegen die verbalen und sexuellen Angriffe der überheblichen Männer.

Eine Stadt, die erbaut werden sollte, war als allegorischer Zufluchtsort ausschließlich für die »glücklichen Bürgerinnen im Königreich Fémenie« gedacht. Das Baumaterial sollte die im Buch geschilderten rühmenswerten Taten und Werke kluger und gelehrter Frauen vergangener Zeiten sein. Das Buch von der Stadt der Frauen besteht darauf, dass die Frauen nicht an sich den Männern unterlegen sind, sondern dass ihre schlechtere Erziehung und Bildung den Anschein der Ungleichheit erweckt hätten. Pisan erklärte: »Wenn es der Brauch wäre, die kleinen Mädchen eine Schule besuchen und sie im Anschluss daran, genau wie die Söhne, die Wissenschaften erlernen zu lassen, dann würden sie genauso gut lernen und die letzten Feinheiten aller Künste und Wissenschaften ebenso mühelos begreifen wie jene... denn so sehr der Körper der Frauen weicher ist als der des Mannes, so sehr ist ihr Verstand dort, wo sie ihn gebrauchen, beweglicher und schärfer.«

Pisan behauptete, dass die Ehe für Frauen schwerer zu ertragen sei als für Männer, »weil die Männer ihre Frauen beherrschen und nicht die Frauen über ihre Männer herrschen.« Sie klagte, dass die Männer ihre Ehefrauen grausam behandelten: »Wie viele grausame und völlig unverdiente Schläge, wie viele Beschimpfungen, Gemeinheiten, Erniedrigungen und Schmähungen erdulden zahlreiche gutherzige und rechtschaffene Frauen, ohne dass sich eine beklage! Und all die Frauen, die vor Hunger und Armut, umgeben von einer großen Schar Kinder sterben, während sich ihre Männer in zweifelhaften Lokalen herumtreiben... kommen diese Männer nach Hause, werden ihre Frauen noch geschlagen, und das ist ihr einziges Abendessen.« Pisan wagte auch zu sagen, dass den Frauen »eine Vergewaltigung wirklich nicht das geringste Vergnügen« bereite, dass es jedoch im Interesse der Männer liege.

Christine de Pisan griff heftig den von Jean de Meung um 1275 verfassten zweiten Teil des »Rosenromans« an. Den ersten Teil des »Rosenromans« schrieb Guillaume de Lorris noch ganz im Geist der höfischen Liebe. Er verglich die Geliebte mit einer Rose in einem verschlossenen Garten. Bei de Meung dagegen propagierte die Allegorie der Vernunft ein sehr negatives Frauenbild. Pisan zerpflückte regelrecht die Jahrtausende alte Lehre von der geistigen und moralischen Minderwertigkeit der Frau. Ihre 649 Verse umfassende Erzählung »Le dit de la rose« (1401) ist der Höhepunkt ihrer Polemik gegen Jean de Meung.

Einige ihrer Schriften wurden Ende des 15. Jahrhunderts in England gedruckt. Es ist anzunehmen, dass König Heinrich VII. von England ihr »Buch der Waffen und Reitkunst« beim Drucker William Caxton in Auftrag gab. Andere wurden im frühen 16. Jahrhundert in Frankreich gedruckt. Das »Buch der drei Tugenden«, worin die den Frauen verschiedener Stände gemäßen Verhaltensweisen und Tätigkeiten dargestellt sind, erschien bis 1536 in drei Auflagen. Christine de Pisan beschäftigte Schreiber, überwachte deren Arbeit und schrieb vermutlich einen Teil der etwa 55 Manuskripte selbst.

Ermutigt durch die Unterstützung der Königin von Frankreich, Isabella von Bayern, gründete sie den »Court amoureuse«, ein mit eigenen Statuten ausgestattetes Minnegericht. Isabella ehrte sie mit dem traditionellen königlichen Geschenk von Krug und Becher für die Übergabe ihrer gesammelten Schriften.

Christine de Pisan erklärte, dass die Unterdrückung der Frauen einst enden werde, wie »viele andere Dinge, die zunächst eine lange Zeit geduldet, dann jedoch aufs schärfste bekämpft und zurückgedrängt wurden.«

JOHANNA VON ORLEANS (JEANNE D'ARC)

* 1412 in Domrémy
† 1431 in Rouen

Heiliggesprochene Retterin Frankreichs

>»Welche Ehre für das weibliche Geschlecht,
das offenbar auch Gott liebt...«

(CHRISTINE DE PISAN ÜBER JEANNE D'ARC)

Die berühmte französische Dichterin Christine de Pisan verfasste das einzige Werk zum Ruhm der von ihr bewunderten Johanna von Orleans, das zu deren Lebzeiten entstand: »Ditié de Jehanne d'arc«. Christine de Pisan sieht das junge Mädchen als Gotteswerkzeug: »Welche Ehre für das weibliche Geschlecht, das offenbar auch Gott liebt.« Heute beschäftigen sich Historiker, Literaten, Theologen und Ärzte mit Johanna von Orleans, der »Retterin Frankreichs«. Ihr Leben wurde zu einem Stoff der Weltliteratur. Die romantisierende Glorifizierung zeigt sich besonders in dem Drama »Johanna von Orleans« (1801) von Friedrich von Schiller.

Das Eingreifen des jungen Bauernmädchens in den »Hundertjährigen Krieg« zwischen England und Frankreich (1339–1453) bedeutete tatsächlich eine Wende zugunsten Frankreichs. Johanna, die sich selbst »Jeanne la Pucelle« (Johanna, die Jungfrau) nannte, kam am 6. Januar 1412 in Domrémy als Tochter wohlhabender Landleute zur Welt. Im Alter von dreizehn Jahren begann sie Stimmen zu vernehmen. Mit den Stimmen sah Jeanne auf ihrer rechten Seite ein helles Licht, in dem lauter kleine Heilige schwebten. Immer wieder hörte sie »eine Stimme, die von Gott kam, die mir half, mein Leben gut zu führen. Und das erste Mal hatte ich große Furcht. Und diese Stimme kam im Sommer um die Mittagsstunde im Garten meines Vaters ... nachdem ich diese Stimme dreimal gehört hatte, habe ich erkannt, dass es die Stimme eines Engels war ... Vor allen Dingen sagte er (der heilige Michael) zu mir, ich solle ein braves Kind sein und Gott würde mir beistehen... Und der Engel erzählte mir von dem großen Jammer, der im Königreich Frankreich herrsche ...« Die Not in Frankreich war in der Tat groß, die Stadt Orleans war von den Engländern belagert, und es gab kein Mittel, ihr zu Hilfe zu kommen.

Auch die heilige Katharina und die heilige Margarethe sollen zu dem jungen Mädchen gesprochen haben: »Johanna, eile dem König von Frankreich zu Hilfe und du kannst ihm sein Königreich retten und Frankreich von den Engländern befreien.«

Als Siebzehnjährige entschloss sie sich, in Männerkleidung zunächst nach Vaucouleurs und dann nach Chinon zu reiten, wo sich Kronprinz Karl VII. aufhielt, der sie am 6. März 1429 empfing. Es gelang ihr, den Dauphin von ihrer Weisung zu überzeugen. Sie hatte sich dann nach Blois zu begeben. Dort mussten die Herzoginnen von Alençon die Jungfernehre des Mädchens bestätigen, denn schon öfter habe Gott durch eine unberührte Jungfrau Offenbarungen dem Volk gegeben. Der Teufel könne nämlich mit einer Jungfrau keinen Pakt schließen.

In voller Ritterrüstung mit dem Lilienbanner in der Hand, ritt Johanna am 23. April 1429 von Tours aus in das Lager der französischen Soldaten vor der von den Engländern eingeschlossenen Stadt Orleans. Zuerst sorgte sie für eine Säuberung des Lagers: Sie ließ alle Dirnen entfernen und forderte von den Soldaten die Generalbeichte. »Ich trug diese Fahne, wenn man zum Sturm gegen den Feind antrat, und vermied so, einen Menschen zu töten. Ich habe nie jemanden getötet.«

Am 29. April 1429 zog sie in das belagerte Orleans ein. Am 6. Mai war sie »die erste, die an die kleine Bastion der Brücke die Sturmleiter anlegte.« Diese Bastion war die wichtigste unter denen, welche die Befestigungsanlagen zur Verteidigung des Brückenkopfes deckten. Schon am 8. Mai gaben die Engländer die Belagerung auf, die sie am 12. Oktober 1428 begonnen hatten.

Am 18. Juni kam es zur Krönung des Dauphins in der Kathedrale von Reims, wohin ihn Johanna begleiten durfte. Sie kniete vor ihrem Gebieter, der sich jetzt König Karl VII. nannte, nieder und sprach: »Edler Herr, jetzt ist Gottes Wille vollbracht.«

Nach der Salbung des Königs ließ sich Johanna Steuerfreiheit für die Bevölkerung von Greux und Domrémy bewilligen. Im Dezember 1429 erhob der König sie in den Adelsstand.

In den weiteren Kämpfen hatte Johanna weniger Erfolg. Als sie versuchte, Compiègne zu befreien, nahmen die Burgunder sie fest und verkauften sie an Heinrich VI. von England. Im Kerker wurde sie beschämenden Demütigungen ausgesetzt. Der französische Hof tat nichts für sie. In Rouen stellte man die junge Frau am 30. Mai 1431 vor ein Inquisitionstribunal, das aus 60 Geistlichen, unter der Leitung des Bischofs von Beauvais, Pierre Cauchon, bestand. Johannas Männerkleidung war ein wesentlicher Anklagepunkt bei dem Schauprozess, ebenso ihre Visionen und Stimmen. Das Tragen von Männerkleidung sei ein absoluter Skandal, ebenso die nach Art der Sklaventreiber kurz geschnittenen Haare. Dies alles sei bei »Gott und den Menschen verwerflich und gegen das Gesetz Gottes, der Natur und der Kirche.« Der ganze Prozess stellt einen gleicherweise den kirchlichen französischen Autoritäten wie der englischen Besatzungsmacht anzulastenden abscheulichen Justizskandal dar.

Johanna wurde gehasst, weil sie das tat, was offensichtlich nur Männern zustand: glanzvoll über die Feinde siegen. So wurde sie am 30. Mai 1431 im blühenden Alter von 19 Jahren zum Scheiterhaufen geführt, wo sie grausam und schrecklich im Feuer erstickte, bevor ihr Körper in den Flammen verbrannte. Sie war verurteilt worden als »Ketzerin, Rückfällige, Abtrünnige, Götzenanbeterin.« Der Tod der Jeanne d'Arc war eine politische Notwendigkeit. Die Engländer mussten beweisen, dass die Stimmen, die sie hörte, vom Teufel kamen. Jeanne war eine Frau, und als Frau hatte sie alle Grenzen überschritten und alle Fesseln gesprengt, die Gott und die Männer den Frauen angelegt hatten.

Schon bald von ihren Zeitgenossen verehrt, hob Papst Calixtus II. am 7. Juli 1456 das über sie gesprochene Urteil auf. Johannas Mutter hatte bereits bei seinem Vorgänger, Papst Nikolaus V., um die Revision des Prozesses gefleht. Es dauerte fast 500 Jahre bis zur Seligsprechung im Jahr 1909, gefolgt von der Heiligsprechung am 16. Mai 1920 zusammen mit der Ernennung zur zweiten Patronin Frankreichs, der Patronin von Rouen und Orleans, der Telegraphie und des Rundfunks. Der

Gedenktag für die Nationalheilige ist der erste Sonntag nach dem Fest Christi Himmelfahrt.

In ihrem Geburtsort Domrémy findet sich in der Ortskirche noch das Taufbecken, über dem Johanna die Taufe empfangen hat. Im Geburtshaus Johannas kann man die winzig kleinen Zimmer besichtigen, und über der Eingangstür des Hauses hängen die Waffen der Heiligen. Neben dem Geburtshaus befindet sich ein Museum, das ihr gewidmet wurde.

Im Kirchenschiff der Kathedrale von Reims steht die berühmte, lebensgroße Statue der Johanna von Orleans. Nahe der Hinrichtungsstätte in Rouen erinnern heute eine Gedenkstätte und die moderne, 1979 eingeweihte Kirche Sainte-Jeanne-d'Arc an das Bauernmädchen aus Domrémy.

Beeindruckend ist das große Reiterstandbild auf dem Place du Martroi in Orleans, in der Stadt, die ihrer Retterin seit 1430 jedes Jahr mit großen Veranstaltungen huldigt.

ISABELLA VON BAYERN –
ISABEAU DE BAVIÈRE

* 1370 in München
† 1435 in Paris

Prinzessin von Bayern und Königin von Frankreich

Jahrhundertelang hatte die Geschichtsschreibung kein Faible für die erste und einzige Frau aus dem Hause Wittelsbach. Ihr wurde als sittenloses Frauenzimmer, als Ausländerin, die Frankreich an den Erzfeind England verkauft habe, die Lichtgestalt der Jeanne d'Arc gegenübergestellt. Und Friedrich von Schiller tat noch das Seine dazu, als er Johanna von Orleans in seiner romantischen Tragödie völlig idealisierte, die Königin aber »giftiger Stachelworten« gegen ihren eigenen Sohn zieh.

Isabella von Bayern wurde im Jahre 1370 als Tochter von Herzog Stephan III. von Bayern-Ingolstadt und seiner Gemahlin Thadäa Visconti in der Münchener Herzogsresidenz geboren. Dort regierte ihr Großvater väterlicherseits Herzog Stephan II. von Bayern-Ingolstadt, verheiratet mit Elisabeth (Isabella) von Sizilien, Tochter von König Friedrich III. von Sizilien und seiner Gemahlin Eleonore von Anjou. Der Chronist Jean Froissart erzählte, wie für den französischen König Karl VI. 1385 eine Braut ausgewählt wurde. Ihr Vater, Stephan III., der Kneißl (der Prachtliebende), stimmte dem Verfahren erst zu, nachdem die Herzogin von Brabant ihn beruhigt hatte. Ihm missfiel die Unwürdigkeit des Vorgehens, wie auch der Gedanke, seine Tochter so fern von zu Hause zu verheiraten. Die Herzogin von Brabant, die »sehr erfahren war in solchen Dingen«, überwachte die Inspektion des jungen Mädchens, das nackt untersucht wurde, um festzustellen, dass sie »geeignet und passend gebaut« war, Nachkommen auf die Welt zu bringen. Der Vater ließ seine Tochter ziehen, wollte aber, dass ihre Reise nach Frankreich als Wallfahrt zum Haupt des heiligen Johannes in der Kathedrale von Amiens getarnt würde.

77

Am 14. Juli fand die erste Begegnung zwischen der hübsch ausgestattete Herzogstochter mit ihrem zukünftigen Mann im großen Saal des bischöflichen Palais statt, der drei Tage später dann die Hochzeit zwischen Karl VI. von Frankreich und Isabella von Bayern folgte. An die kirchliche Zeremonie schloss sich ein Bankett an. Karl hatte von der ersten Begegnung an erkannt, »dass sie jung und schön war, und war von großem Verlangen erfüllt, sie zu sehen und zu besitzen.« Selbst in diesem Moment noch beherrschten Rituale das Geschehen: »Am Abend legten die Damen die Braut zu Bett, denn diese Aufgabe gehörte zu ihnen.« Isabeau brachte zwölf Kinder zur Welt, bei acht von ihnen stand sie am Grab.

Isabeau lebte in Vincennes. Während das Volk hungerte, schuf ihr ausschweifender Lebensstil erheblichen Unmut. Sie verwendete viel Zeit für ihre Kleidung, die voll modischer Übertreibung war: gepuffte Ärmel, gewaltige Bauschröcke, Prunkhauben und die halbmeterhohen, zuckerhutförmigen Spitzhauben mit bis zum Boden wallenden Schleiern. An ihrem Hof entstand mit einem »Minnehof« die erste literarische Gesellschaft Frankreichs, und der Stern der Christine de Pisan begann zu glänzen.

Am Sonntag, dem 22. August 1389, erlebte Frankreich ein gewaltiges Spektakel: das Krönungsfest der Königin. Der Erzbischof von Rouen, Guillaume de Vienne, salbte sie in Notre-Dame mit dem heiligen Öl an Haupt und Brust, setzte ihr die Staatskrone aufs Haut und überreichte ihr die Insignien ihrer königliche Würde: Ring, Zepter, Hand der Gerechtigkeit. In Paris erhielt sie das Palais Saint-Pol sowie das päpstliche Privileg einer eigenen Hofkapelle.

Isabeau hatte die Freude, dass ihr Bruder Ludwig der Gebartete nach Paris kam und in die Dienste ihres Mannes trat. Leider konnte sie damals bei ihrem Mann erste Anzeichen für eine 30 Jahre dauernde Geisteskrankheit erkennen. Der Hof war heillos zerstritten. Isabeau wurde mit gewaltigen Ländereien und einer eigenen Finanzverwaltung ausgestattet. Des Weiteren wurde ihr Ludwig von Orleans, der Bruder des Königs, als Regent zur Seite gestellt, der seinen Anspruch auf den Thron anmeldete, so dass sich im Jahr 1400 zwei politisch entgegengesetzte Parteien am französischen Hofe bildeten: Zum einen die Orleanisten, die den Machtanspruch ihres Herzogs unterstützten, zum anderen die Bourguignons, die den Regentschaftsrat um das Haus Burgund an der Macht sehen wollten.

1417 wurde Isabeau nach Tours verbannt, wo sie Johann Ohnefurcht befreien konnte. 1419 kam es bei den von der Königin angeregten Friedensgesprächen mit dem Dauphin zu der schrecklichen Bluttat: Johann Ohnefurcht wurde von der Hand ihres Sohnes erschlagen. Da die Orleanspartei den Dauphin als Täter weder dem König noch der Königin ausliefen wollte, sah Isabeau nur noch den Ausweg, zwischen Frankreich und England Frieden zu schließen und den Thronanspruch des Hauses Lancaster anzuerkennen. Die Orleanspartei wertete das Verhalten der Königin als Verrat am eigenen Sohn und an Frankreich.

1422 starb Isabeaus Gemahl, Karl der Wahnsinnige. Am 30. September 1435 starb die 65–jährige Königin Isabeau in ihrer Residenz Saint-Pol bei Paris. Sie ruht in Saint-Denis.

Im Musée Dobrée in Nantes ist das goldene, mit einer Krone gezierte Gefäß ausgestellt, das einmal das Herz der Anne de Bretagne barg. Der Isabeau-Biograph Martin Saller schreibt: »Isabeaus herbes Matronengesicht prägt die stolze Resignation einer Frau, die nach einem randvollen Leben nichts mehr zu erwarten hat und nichts mehr erwartet. Um ihren Marmormund zuckt eine bittere, hochmütige Ironie, als spotte sie rückschauend der Eitelkeiten des Daseins und der Kapriolen des Zufalls, der sie am Ende auf die Seiten der Verlierer spülte.«

ANNE DE BRETAGNE

* 1477 in Nantes
† 1514 in Blois

Herzogin der Bretagne
Königin von Frankreich (1491–1498)
Erzherzogin von Österreich (1490–1491)
Königin von Sizilien und Jerusalem und
erneut Königin von Frankreich (1499–1514)
und Herzogin von Mailand

Das Volk von Paris jubelte über die »kleine Königin«.

Bis heute ist sie die populärste Herrschergestalt in der bretonischen Geschichte. Hartnäckig hielt sich die Legende, dass die rührende, kleine Herzogin, mit heimischen Holzpantoffeln angetan, den Herrschern Frankreichs die Bretagne wie ein Geschenk darbrachte.

Am 8. Februar 1492 wurde Anne de Bretagne in der Kathedrale von St. Denis zur französischen Königin gekrönt. Der Erzbischof von Bordeaux vollzog das Krönungsritual. Ihre Verlobung mit Karl VIII. hatte am 17. November 1491, die Heirat am 6. Dezember im Schloss Langeais an der unteren Loire stattgefunden. In einem Kleid aus Goldbrokat, das mit siebzig Zobelfellen gefüttert war, trat Anna vor den Traualtar.

Doch bevor Karl VIII. Anne heiraten konnte, musste erst die unter seinem Vater beschlossene Verbindung mit Kaiser Maximilians Tochter Margarete – die spätere Margarete von Holland – widerrufen werden. Auch Anne war schon einmal verheiratet. Im Jahr 1490 hatte der damalige 31–jährige verwitwete deutsche König und spätere Kaiser Maximilian I., mit der knapp 14–jährigen Waisen die Ehe per procurationem geschlossen. Am 19. Dezember 1490 hatte die Trauung in St. Pierre zu Rennes stattgefunden. Während der Hochzeitsmesse stand Graf Polheim als Vertreter des Bräutigams Maximilian an der Seite von Anne und in der Brautnacht steckte er sein nacktes Bein in das Bett, auf dem die Herzogin ruhte. Da die Einwilligung des französischen Königs zu der Heirat nicht eingeholt worden war, wie im Vertrag von Sablé festgelegt, protestierte Karl VIII. offiziell gegen die Eheschließung und heiratete dann selbst Anne de Bretagne.

Annes erstes Kind mit Karl VIII., der Dauphin von Frankreich, wurde am 10. Oktober 1492 geboren und auf den Namen Charles Orland getauft. Bereits drei Jahre später starb der kleine Dauphin in Amboise an einer Epidemie. Als nächstes erlitt Anne eine Fehlgeburt, während ihr Gemahl seinen Italienfeldzug unternahm. Der am 8. September 1496 geborene Sohn starb nach nur einem Monat. Zwei Töchter starben ebenfalls im frühen Kindesalter. Die Gräber aller Kinder von Anne und Karl VIII. sind in einer gesonderten Kapelle in der Kathedrale von Tours zu sehen.

Erst 28 Jahre alt starb Karl VIII. am 7. April 1498 bei einem mysteriösen Unfall auf Schloss Amboise. Während eines Festes stieß er seinen Kopf so unglücklich an einen niedrigen Türsturz, dass er sich eine Hirnblutung zuzog. Neun Stunden rang er mit dem Tod, ehe er verstarb. Gemäß der Tradition schloss sich die erst 22 Jahre alte Anne vierzig Tage zur Trauer in ihre Gemächer auf Schloss Amboise ein. Sie war nun Königinwitwe und nach wie vor Herzogin der Bretagne. Zwei Tage nach dem Tod ihres Mannes bestellte sie durch Verordnung erneut die Kanzlei des Herzogtums Bretagne und kehrte dorthin zurück.

In ihrem Heiratsvertrag stand die Klausel, dass sie nur den Nachfolger des Königs würde heiraten dürfen. Dieser Nachfolger war Ludwig von Orleans, ein Cousin des Verstorbenen. Drei Monate nach seiner Krönung zu Ludwig XII. von Frankreich willigte Anne ein, ihn zu heiraten. Nachdem Ludwigs Ehe mit der Königstochter Johanna in Rom getrennt worden war, konnte am 7. Januar 1499 der Ehevertrag mit Anne in Nantes unterzeichnet werden. Einen Tag später fand die Eheschließung in der dortigen Schlosskapelle statt – Anne war damit zum zweiten Mal Königin von Frankreich geworden und wurde am 18. November 1502 in der Basilika von Saint-Denis gekrönt.

Die Königin protegierte Pierre le Baud, der für sie eine Geschichte der Bretagne schrieb, und favorisierte Antoine Dufour, der ein Werk über »illustre Frauen« verfasste. Außerdem stiftete sie den weiblichen Orden »La Cordilière«. Sie träumte sich in die Rolle einer Befreierin hinein, wollte Griechenland erobern und schließlich Konstantinopel von den Türken befreien.

In dieser zweiten Ehe brachte Anne wieder sechs Kinder zur Welt, aber kein Sohn überlebte. Am 13. Oktober kam in Romorantin die Tochter Claude zur Welt. Als sie gerade zwei Jahre alt war, verhandelte ihre Mutter dahingehend mit dem Hause Habsburg, dass Claude einmal mit Karl, dem späteren Karl V., verheiratet werden sollte.

Im Winter 1513/14 erkrankte Anne ernsthaft. Sie litt an Nierenkoliken. In ihrem Testament verfügte sie, dass ihr Herz in der Krypta der Kathedrale von Nantes, in der Nähe der Grabstätte ihrer Eltern beigesetzt werden sollte. Das Grabmal für ihre Eltern ließ Anne von Michel Colombe, dem großen Künstler der französischen Renaissance, erstellen. Vier fast lebensgroße Verkörperungen der Kardinalstugenden umgeben dieses prächtige Grabmal. Der »Gerechtigkeit« hat Colombe die Züge und das zeitgemäße Kostüm der Anne de Bretagne verliehen, die sich mit der rechten Hand auf ein aufgerecktes Schwert stützt.

Am 9. Januar 1514 um 6 Uhr morgens starb die 38-jährige Anne de Bretagne in Blois. Sie wurde in Saint-Denis bestattet, ihr Herz aber ruht in Nantes.

In Morlaix im Département Finistère wird im berühmten »Maison de la Duchesse Anne« an die Königin erinnert. Sie war 1505 auf einer Wallfahrt durch dieses Städtchen gekommen. Man hatte als Geschenk für sie ein Wiesel gezähmt, ihm ein mit Brillanten geschmücktes Halsband umgebunden und es der Regentin überreicht. Der Hintergrund dafür ist die Legende um die stilisierten Hermeline im Wappen der Herzöge, das die Devise trug: »Eher sterben als sich beflecken.« Eines Tages, so heißt es, beobachtete die Herzogin, wie ein weißes Hermelin gejagt wurde. Völlig umstellt, war es eher bereit zu sterben als in ein schlammiges Gelände zu flüchten und sich dabei zu beflecken. Die gerührte Herzogin barg nicht nur das Hermelin, sondern machte es zu ihrem Wappentier und ersann den stolzen Spruch.

CASSANDRA FEDELE

* 1465 in Venedig
† 1558 in Venedig

Gelehrte Frau

»Zierde Italiens«
(ANGELO POLIZIANO)

Zu den gelehrten Frauen des 16. Jahrhunderts in Italien zählt Cassandra Fedele. Ihre männlichen Verwandten hatten wichtige Stellungen in der Verwaltung des venezianischen Staates. Ihr Vater galt als besonders gelehrt. Er erkannte früh die Intelligenz seiner Tochter und ließ sie von dem Servitenmönch und Humanisten Casparino Borro in Latein und Griechisch unterrichten. Diese Sprachen beherrschte sie bereits im Alter von elf Jahren; dazu kam Unterricht in Rhetorik, Geschichte und Philosophie. Sie trat öffentlich als Rezitatorin vor der Universität Padua, vor dem Volk von Venedig und vor dem venezianischen Dogen Agostino Barbarigo auf.

Ihr Vater Angelo Fedele sah in ihr auch ein machtvolles Instrument zur Förderung seiner eigenen Reputation. Sein Sohn, dessen geistige Leistungen den für die Männer dieser Familie üblichen Standard erreichten, konnte dieser Funktion nicht gerecht werden. Aber eine gebildete Tochter war ein wirklich bemerkenswertes Wunder in einer Zeit, die Genies zumal in seinen selteneren Formen bewunderte.

So geschah es, dass der Doge Cassandra und ihren Vater zu Banketten einlud, bei denen sie inmitten venezianischer Bürger, Schriftsteller und Dichter glänzen konnte. Königin Isabella von Aragon lud Cassandra Fedele an ihren Hof nach Neapel ein. Die junge Frau war von dieser Einladung überwältigt. Doch der Senat von Venedig erließ ein Dekret, das ihr die Ausreise verbot – dieses heimatliche Juwel sollte im Lande bleiben.

Mit 26 Jahren galt Cassandra als eine internationale Berühmtheit. Der florentinische Dichter und Humanist Angelo Poliziano rühmte sie mit denselben Worten als »Zierde Ita-

83

liens«, mit denen Vergil die Jungfrau und Kriegerin Camilla geehrt hatte, denn er hegte für sie noch größere Bewunderung als für den heroischen Genius Pico: »Ich pflegte in der Tat Giovanni Pico della Mirandola zu bewundern, denn es gab nie einen besseren unter den Sterblichen und einen, der in allen Zweigen des Wissens Hervorragendes leistete. Nun aber siehe, ich begann auch dich zu verehren, Cassandra, gleich nach ihm, und vielleicht auch schon neben ihm.« Cassandra Fedele wurde aber auch als »Wunder« beschrieben, nämlich als männliche Seele in einem weiblichen Körper.

Mit dreiunddreißig Jahren, ein fast biblisches Alter für eine Braut in der damaligen Zeit, wurde Cassandra gegen ihren Willen mit einem Arzt aus Vicenza verheiratet. Die produktive Zeit ihrer Studien ging damit zu Ende. Nach nur sechzehn Jahren Ehe, die kinderlos blieb, starb ihr Mann. Nun betrieb sie wieder ihre Studien. Allerdings lebte sie in großer Armut, da ihr Mann sein Erbteil durch ein Schiffsunglück auf hoher See verloren hatte. Cassandra, der »Ruhm des weiblichen Geschlechts«, wurde nur unzureichend von ihrer Familie unterstützt und von ihrer Heimatstadt und zunächst auch von der Kirche schmählich ignoriert. Sie richtete deshalb an Papst Leo X. im Jahr 1521 die offensichtlich erfolglose Bitte um eine kleine Unterstützung.

Der kometenhafte Aufstieg der jungen Cassandra Fedele diente anderen Frauen als Vorbild: Die französische Dichterin Catherine des Roches hielt ihr Beispiel hoch, und der junge deutsche Jurist Christoph Scheurl feierte sie neben seiner Landsmännin, der humanistisch gebildeten Äbtissin Charitas Pirckheimer (1466–1532) aus Nürnberg. Deren Bruder, der große Humanist Willibald Pirckheimer, widmete Cassandra Fedele seine lateinische Übersetzung des Plutarch, und sein Freund Konrad Celtis übersandte ihr seine Druckausgabe der »lieblichen Schriften der Hroswitha von Gandersheim«.

Mit 82 Jahren musste Cassandra Papst Paul III. um Hilfe bitten: »Alter und Not, Seligster Vater, bereiten mir größte Angst, das Unglück drückt mich allenthalben, ich führe mein Leben gegen schwerste Widrigkeiten.« Der Papst nahm sich ihrer liebevoll an. Er erwirkte beim Senat von Venedig ihre Ernennung zur Priorin des Waisenhauses, das der Kirche San Domenico di Castello angeschlossen war. Mit 91 Jahren durfte sie zur Be-

grüßung eines Staatsgastes, der Königin von Polen, eine lateinische Willkommensrede halten.

1558 starb Cassandra Fedele im erstaunlich hohen Alter von
93 Jahren in Venedig. Man hat sie – wie einen bedeutenden
Gelehrten – durch Feierlichkeiten und ein Grabmonument geehrt. In ihrem Testament hinterließ sie den Klosterbrüdern von
San Domenico eine kleine Summe. Die restliche Habe war für
ihre Dienerin und die Frau ihres Neffen, ihre Bücher für dessen Söhne.

Das Schicksal von Cassandra Fedele spiegelt den Glanz
und das Elend einer gelehrten Frau zur Zeit der Renaissance in
Italien wider. Damals wurden tüchtige weibliche Gelehrte als
Zeichen kulturellen Fortschritts enthusiastisch begrüßt, doch
ihr Wirken blieb auf die Demonstration ihrer Kenntnisse beschränkt. Man bot ihnen keine Chance, in der Männerwelt der
wissenschaftlichen Institutionen Fuß zu fassen.

Renaissancefrauen wie Laura Cereta, Alessandra Scala oder
Cassandra Fedele erreichten mit ihrer künstlerischen und wissenschaftlichen Tätigkeit ein Niveau, das weit über das des
durchschnittlichen Renaissancemenschen hinausging. Diese
Frauen waren allerdings ständig heftigen Angriffen der männlichen Gelehrten ausgesetzt, die ein gewisses Maß an weiblicher Bildung attraktiv fanden, aber alles, was dieses Maß
überstieg, als unweiblich und abstoßend ablehnten.

Die Venezianerin Cassandra Fedele wurde bewundert. So
verfasste Angelo Poliziano eine Lobrede auf sie: In dieser Zeit,
da »auch von den Männern nur wenige in der Literatur her-
vorragen, bist du dennoch einzig als Mädchen, die du statt der
Wolle ein Buch, statt der Schminke den Kiel, statt der Nadel
die Feder zur Hand nimmst und nicht das Gesicht mit Puder,
sondern das Papier mit Tinte bedeckst.«

ISABELLA D'ESTE

* 1474 in Ferrara
† 1539 in Mantua

Markgräfin von Mantua – Fürstin und Mäzenatin der Renaissance

>*»La prima donna del mondo – Isabella d'Este"*
>(NICCOLÒ DA CORREGIO)

Erste Dame der Welt – nannte der vollendete Hofmann Niccolò da Corregio seine Zeitgenossin, die schöne Markgräfin von Mantua, Tochter aus einer der ältesten Fürstenfamilien Italiens. Diese »prima donna del mondo« Isabella wurde am 17. März 1474 in Ferrara als erstes Kind des Herzogs Ercole I. von Ferrara und seiner Gattin Eleonora von Aragon geboren. Auf Wunsch ihrer Mutter erhielten Isabella und ihre jüngere Schwester Beatrice wie ihre Brüder Unterricht in Latein, Griechisch, Geschichte, Französisch, Musik und Tanz. Der Erzieher Battista Guarini, ein Sohn des großen Humanisten Guarini Veronese, schulte sie besonders in der Gewandtheit in der geistreichen Konversation.

Aus bündnispolitischen Erwägungen heraus verlobte Herzog Ercole 1480 seine erst sechsjährige Lieblingstochter Isabella mit dem ältesten Sohn des Markgrafen von Mantua, Francesco II. Gonzaga. Die Hochzeit mit diesem leichtsinnigen und nicht immer treuen Markgrafen wurde im Jahr 1490 geschlossen.

Aus der anfangs glücklichen Ehe stammten insgesamt sechs Kinder. Am 31. Dezember 1493 brachte Isabella ihr erstes Kind zur Welt, eine Tochter, die sie nach ihrer kurz davor verstorbenen Mutter Eleonora nannte. Jene älteste Tochter musste aus politischen Gründen Francesco Maria I. della Rovere heiraten, den Neffen des Papstes Julius II. Es folgte Margherita, die kurz nach der Geburt starb. Am 17. Mai 1500 gebar sie ihren ersehnten Sohn Federico II. Gonzaga, der nach dem Großvater benannt wurde.1502 kam Livia (starb als Kind) und 1503 Ippolita zur Welt, im November 1505 und im Januar 1507 gebar sie ihre Söhne Ercole (ab 1527 Kardinal) und Ferrante (Feldherr unter Kaiser Karl V. und Begründer der Linie der Herzöge von Guastalla). 1508 wurde ihr letztes Kind Livia geboren. Ihre Söhne liebte Isabella über alles, und böse Zungen behaupten, dass bei ihr noch ihre Hunde vor ihren Töchtern kamen. Ippolita und Livia mussten Nonnen werden. Isabelle äußerte ihre Zufriedenheit über deren Klostereintritt: »Jesus werde sich als braver Schwiegersohn erweisen.« Erst im Alter versöhnte sie sich mit ihren Töchtern und bedachte auch sie in ihrem Testament. Vor allem das unglückliche Leben ihrer ältesten Tochter ging ihr sehr nahe.

Isabella musste oft erdulden, dass ihre letzten Juwelen ins Pfandhaus wanderten, musste oft bei guten Freunden um ein Darlehen bitten und sich ihre ausgedehnten Reisen von fremden Fürsten bezahlen lassen. Trotzdem verstand sie es, ihr Castello di San Georgio zu Mantua zu einer musealen Schatzkammer erlesenster Kunstwerke auszugestalten. Ihre diplomatischen Schriftstücke umkleidete sie mit der Grazie von Liebesbriefen, und ihr Wohlwollen wurde wie eine Ordensverleihung empfunden.

Im Januar 1491 drängte sich das Volk von Mailand auf den Straßen, um den 36-jährigen Lodovico Sforza – il Moro – zu sehen, wie er die 15-jährige Beatrice zum Traualtar führte. Im Zug der fürstlichen Gäste ritt auch Beatrices ältere Schwester, Isabella von Mantua. Ihr fiel besonders ein ernst blickender, bärtiger Mann auf, der sich höfisch gelassen vor ihr verneigte: Leonardo da Vinci, der im Auftrag des Moro die Stadt hochzeitlich zu schmücken hatte. Um diesen Künstler, der sie porträtierte – die Zeichnung ist heute im Louvre – warb Isabella von Mantua allerdings vergebens. Sie hat ihn um ein Werk seiner Hand angebettelt, angefleht und bedroht, aber sie erhielt es erst nach seinem Tode – wie einen Gruß aus der Welt der Vollendung, die sie zeitlebens vergeblich gesucht hatte. Tizian malte die schöne Isabella zwei Mal.

Während der Abwesenheit ihres Ehemanns als Militärkommandeur in Diensten Venedigs (1489 bis 1498) regierte Isabella Mantua an seiner Statt, desgleichen während seiner venezianischen Gefangenschaft (1509/1510). Anschließend hielt Francesco jedoch seine Gattin bis zu seinem Tod 1519 von den Staatsgeschäften fern. Sie hatte ihm wohl zu klug und zu machtbewusst agiert. Das schon merklich abgekühlte Verhältnis der Eheleute zueinander nahm auf Seiten Francescos jetzt fast feindschaftliche Züge an. Isabellas Hoffnungen auf eine Mitregentschaft bei ihrem Lieblingssohn Federico II. Gonzaga zerschlugen sich, als dieser, aus Sorge um sein Ansehen, die Mutter von den Regierungsgeschäften ausschloss. Isabella gelang es dafür aber, sich beim Papst den Kardinalshut für ihren zweitgeborenen Sohn Ercole zu sichern.

Als bedeutende Mäzenin und Sammlerin behauptet sie bis heute ihren Rang in der Geschichte. Mit besonderem Interesse studierte sie Landkarten und beschäftigte sich mit der Astrologie. Ihre Zeitgenossen beschrieben sie als äußerst redebegabt, hochintelligent, sehr belesen, schlagfertig, temperamentvoll und als eine leidenschaftliche Schach- und Kartenspielerin. Sie wurde später eine versierte Sammlerin römischer Skulpturen und Auftraggeberin für moderne Skulpturen im antiken Stil.

Isabella gilt als die erste Frau der Renaissance, die sich in ihren Räumen ein »Studiolo«, einen dem Studium und der Beschäftigung mit den Künsten vorbehaltenen Raum, einrichtete sowie einen weiteren, von ihr als »Grotta« bezeichneten, in dem die kostbarsten Kunstobjekte ihrer Sammlung aufbewahrt werden sollten. Als Kunstmäzenin vergab sie Aufträge an so herausragende Künstler wie Mantegna, Perugino, Costa, Leonardo da Vinci, Michelangelo, Tizian, Correggio und Giancristoforo Romano. Ebenso wie die Werke der bildenden Künste und der Musik liebte Isabella die Literatur. Neben Werken antiker Autoren waren in ihrer Bibliothek auch jene der hervorragendsten Humanisten und Literaten ihrer Zeit vertreten, die ihr teilweise ihre Werke gewidmet hatten: Jacopo Sanazaro, Nicolò da Correggio, Mario Equicola und Baldassare Castiglione.

Isabella setzte sich auch mit dem Drucker Aldo Manuzio in Venedig auseinander, in dem sie ihm vorhielt, dass die ihr 1505 zugesandten Bücher überteuert seien: »Wenn Ihr noch weitere druckt, zu einem guten Preis, auf schönerem Papier und mit sorgfältigeren Korrekturen, werden Wir uns freuen, sie zu sehen.«

Isabella d'Este war die verwöhnte Dame der Großen Welt, deren Modeschöpfungen und Parfüms in ganz Europa nachahmende Beachtung fanden. Die allem Schönen gegenüber aufgeschlossene Fürstin Isabella, deren Hof ein gesellschaftlicher Mittelpunkt Norditaliens war, starb am 13. Februar 1539 in Mantua.

Der Dichter Ariost pries Isabella d'Este:

> *»Dein reicher Stamm wird jene Pflegerin*
> *berühmter Werk' und schöner Künste stellen,*
> *an Reiz und Anmut reich, an klugem Sinn*
> *und Zucht vielleicht noch reicher, Isabellen,*
> *die milde, edelmütige Herzogin.«*

Lucrezia Borgia

* in 1480 Rom
† in 1519 Belriguardo bei Ferrara

Renaissancefürstin

»Die gute Herzogin, eine Perle in dieser Welt; sie war schön
und gut, sanft und liebenswürdig zu allen.«

(Bayard)

Das Leben der Lucrezia Borgia, der Tochter von Papst Alexander VI., bildet anscheinend einen Gegensatz zu den tugendhaften Fürstinnen der italienischen Höfe. Dies ist jedoch nur vordergründig: Lucrezia wurde in ihren drei Ehen genauso streng von ihren Männern bewacht wie die Herrinnen von Mantua und Urbino. Lucrezia Borgia ist ein Musterbeispiel dafür, wie rücksichtslos Frauen bei den Machtintrigen der Männer als Köder benutzt wurden. In der romantischen Phantasie der Nachwelt erscheint sie wie eine Medea oder wie eine immer lodernde Liebesfackel.

Lucrezia wurde am 18. April 1480 in Rom geboren. Ihre Mutter war Vanezza Catanei. Ihr Vater, Kardinal Rodrigo Borgia, wurde bald zum Papst gewählt und nahm den Namen Alexander VI. an. Die kleine Lucrezia, deren Anmut und Lebhaftigkeit selbst von ihren Feinden gerühmt wurde, war ein wichtiges politisches Objekt. Der Papst benutzte seine Tochter, um die Stellung seines Sohnes Cesare im Machtkampf der italienischen Kleinstaaten zu stärken. Im Alter von elf Jahren – ihr Vater war noch Kardinal – wurde das Mädchen mit einem spanischen Adeligen verlobt, zwei weitere Verlobungen folgten. Im Alter von 13 Jahren (1493) wurde Lucrezia mit dem viel älteren päpstlichen Vikar von Pesaro Giovanni aus dem mächtigen Haus Sforza, Neffen des Regenten von Mailand, verheiratet. Merkwürdigerweise war damals Alfonso von Este in Rom, um dem Papst seine Staaten zu empfehlen. »So sah er voll Neugierde zum erstenmal das schöne Kind mit goldfarbenem Haar und den klugen blauen Augen.« Der Herzog von Ferrara, Ercole, schickte Lucrezia als Hochzeitsgeschenk ein Paar große silberne Waschbecken mit Zubehör. Die Vermählungsfeier im Vatikan am 12. Juni besiegelte das politische Bündnis Papst Alexanders VI. mit Ludovico il Moro, dem Regenten Mailands. Der Einmarsch des französischen Königs Karl VIII. in Italien im September 1494 veränderte die politische Landschaft Italiens entscheidend.

Da Lucrezias Ehemann für Papst Alexander keinerlei Vorteil mehr bot, drängte dieser auf Annullierung der Ehe, die mit der skandalösen und ganz offensichtlich erlogenen Begründung aufgehoben wurde, der Ehemann sei impotent und die Ehe nicht vollzogen worden. Damals verbreiteten sich hässliche Gerüchte über Lucrezia; der tief beleidigte und wütende Sforza war der Urheber der gravierendsten Vorwürfe, die sie des mehrfachen Inzests beschuldigten.

Als nächstes bekam Lucrezia einen gleichaltrigen Ehemann, Alfons Herzog von Biselli, ein Neffe des Königs Federigo von Neapel. Die Ehe war glücklich, aber kurz, weil Alfonso auf Geheiß von Lucrezias Bruder Cesare Borgia von Meuchelmördern am 15. Juli 1500 schwer verwundet wurde und am 18. August starb. Aus dieser Ehe stammt der Sohn Rodrigo. Papst Alexander warf nun seine Begierde auf das Herzoghaus der Este von Ferrara. Der Witwe ließ man nicht viel Zeit zum Trauern, sondern verheiratete sie schnellstens mit dem Erben von Ferrara, dem verwitweten kinderlosen Alfonso d'Este, wodurch sie Schwägerin der als besonders tugendhaft geltenden Isabella d'Este wurde.

Im Jahr 1502 folgte Lucrezia ihrem Ehemann und ließ Rom für immer hinter sich. In der damals prächtigen Stadt Ferrara regierten die Este praktisch als Alleinherrscher. Von den politischen Zugeständnissen abgesehen, sollte die Mitgift 300 000 Dukaten betragen, die kostbare Ausstattung der Braut an Kleidung, Schmuck, Silbergerät usw. nicht mitgerechnet.

Lucrezias Einzug in Ferrara am 2. Februar 1502 wurde ein prunkvolles Schauspiel: Don Alfonso, nach französischer Mode gekleidet, dann die Kavalkade der Braut und schließlich die Braut selbst auf einem mit Scharlach gedeckten Schimmel, in eine breitärmelige Camorra von schwarzem Samt mit feinen Goldleisten gekleidet. Sie trug eine Sbernia von Goldbrokat und Hermelinbesatz, auf dem Kopf ein schleierartiges, von Diamanten und Gold funkelndes Netz ohne Diadem, um den Hals eine große Kette von Perlen und Rubinen. Ihr Haar fiel frei auf die Schultern herab. So ist Lucrezia in dem »Weiblichen Brustbild« dem Gemälde von Bartolomeo da Venezia 1502–1546 (Städelsches Kunstinstitut Frankfurt) dargestellt.

Lucrezia ritt unter einem purpurnen Baldachin, den Doktoren der Universität trugen. 26 Maultiere waren bepackt mit der Garderobe und weiteren Schätzen der Braut. In anderen Berichten wird von 150 Wagen und ebenso vielen Maultieren gesprochen. 75 Bogenschützen zu Pferde, 80 Trompeter und 24 Pfeifer eröffneten den Zug. Lucrezia war damals von bezaubernder Anmut, wie ein Zeitgenosse schildert: »Sie ist von mittlerer Größe und von zierlicher Gestalt; ihr Gesicht länglich, die Nase schön profiliert, die Haare goldhell, die Augen von blauer Farbe; der Mund ist etwas groß, die Zähne blendend weiß; ihr Hals schlank und weiß, bedeutend und doch voll Maß. Ihr ganzes Wesen atmet stets lachende Heiterkeit.«

Lucrezia blieb zwanzig Jahre lang Herzogin von Ferrara, fügte sich in ihr Schicksal und betätigte sich ihrer Stellung entsprechend als Mäzenin für Künstler und Humanisten. Sie wurde vor allem von den Dichtern in Ferrara gefeiert: von Titus und Ercole Strozzi, Vater und Sohn, Antonio Tebaldeo, Caelio Calcagnini, Giraldi und Marcella Filosseno. Der große Dichter Ariost feierte Lucrezia in seinem „Orlando Furioso". Der geistvolle und liebenswürdige Dichter Pietro Bembo liebte sie. Nach seiner Trennung von ihr schrieb er: »Gewaltig ist mein Schmerz, nun, da die Hoffnung tot und die Erinn'rung rot vor Kummer färbt mein Herz.«

Das Verhältnis der Ehegatten Alfonso und Lucrezia war gut gewesen. Sie schenkte ihm fünf Söhne und drei Töchter, aber nur drei Söhne und eine Tochter überlebten. Erbprinz Ercole machte seiner Mutter viel Freude und auch Sohn Ippolito ist bis heute nicht vergessen. Er baute die verschwenderische, wunderbare Villa d'Este in Tivoli.

Am 14. Juni 1519 gebar Lucrezia ein totes Kind und sah ihr Ende voraus. Am 22. Juni schrieb sie an Papst Leo: »Und so groß ist die Gunst, die mir Unser gnädigster Schöpfer schenkt, dass ich das Ende meines Lebens erkenne und fühle, wie ich in wenigen Stunden ihm entnommen sein werde, nachdem ich zuvor all die heiligen Sakramente der Kirche empfangen habe. Und an diesem Punkt angelangt, erinnere ich mich als Christin, obwohl eine Sünderin, daran, Er. Heiligkeit zu bitten, dass Sie in Ihrer Gnade geruhen, mir aus dem geistlichen Schatz eine Unterstützung zuzuwenden, indem Sie meiner Seele die heilige Benediktion erteilen, und so bitte ich Sie darum in Demut und empfehle Ew. Heiligen Gnade meinen Herrn Gemahl und meine Kinder.« Sie starb im Beisein ihres Gemahls tragischerweise im Kindbett am 24. Juni 1519 in der Nacht – erst 39 Jahre alt.

Vittoria Colonna

* 1492 in Castello di Marino bei Rom
† 1547 in Rom

Italienische Lyrikerin der Renaissance

> *»Vittoria Colonna kann unsterblich heißen.«*
>
> (Jackob Burckhardt)

Der Kunsthistoriker Jackob Burckhardt (1818–1897) schrieb über Vittoria Colonna, eine der besten Lyrikerinnen des 16. Jahrhunderts: »Zum Verständnis der höheren Geselligkeit der Renaissance ist endlich zu wissen, dass das Weib dem Manne gleichgeachtet wurde … durch Canzonen, Sonette und Improvisationen, womit seit der Venezianerin Cassandra Fedele eine Anzahl von Damen berühmt wurde; Vittoria Colonna kann unsterblich heißen.«

Vittoria Colonna war die Tochter des Fabrizio Colonna, eines Neffen von Papst Martin V., und Agnes von Montefeltre. Im zarten Alter von vier Jahren verlobte ihr Vater sie mit Ferrante d'Avalos, Marchese von Pescara. Mit 17 Jahren, als voll erblühte Schönheit, wurde sie am 27. Dezember 1509 unter größter Prachtentfaltung ihm in Neapel angetraut. Eine glückliche Ehe begann, die allerdings schon am 25. November 1525 mit dem Tod des erst 35 Jahre alten Marchese endete, der damals als der größte Feldherr Italiens galt. Er war an einer bei der Schlacht bei Pavia erlittenen Verwundung gestorben.

Der Verlust ihres Mannes stürzte Vittoria in große Verzweiflung. Sie zog sich sieben Jahre völlig zurück und lebte an verschiedenen Orten: in Neapel und auf Ischia, danach in Klöstern in Orvieto und Viterbo, aber ohne den Schleier zu nehmen. Schließlich entschloss sie sich, in Rom zu bleiben.

Die Trauer wurde zum Ausgangspunkt ihrer Dichtung. In ihren klagenden Sonetten, ihren »Rime amorose« im Stil der Petrarcaschule, steht die eheliche Liebe im Mittelpunkt. Ihre Verse verstand sie als heroisches Monument. Daneben entstand ein geistliches Werk. Ihre Gedichte, die sie zum Teil selbst vertonte, wurden bereits 1538 in Parma und dann 1544 in Venedig veröffentlicht und aufgeführt. Der Briefwechsel mit ihrem Mann ist ebenfalls erhalten.

In Rom empfing Papst Clemens VII. sie zu einer Audienz. Als Kaiser Karl V. 1527 siegreich in Rom Einzug hielt, besuchte er Vittoria, Marchesa von Pescara, im Familienpalast der Colonna, einem der bedeutendsten und mächtigsten italienischen Geschlechter.

Vittoria Colonna gehörte zu dem Neapolitaner-Kreis um Juan de Valdés. Bis zu seiner Flucht im Jahre 1452 war der Kapuziner Bernardino Ochino (1487–1564), der ihr das Gedankengut der deutschen Reformation vermittelte, einer ihrer engsten Vertrauten, und damit galt sie als »Komplizin von Ketzern«. Pietro Carnesecchi hat sie 1566/67 vor der römischen Inquisition als eine Vertraute des Bernardino Ochino von Siena bezeichnet. Kardinal Reginald Pole, der ihr geistlicher Führer wurde, ermahnte sie immer wieder, keine reformatorischen Schriften zu lesen.

Vittoria, die schöne gebildete Witwe, wurde in Rom zum Mittelpunkt eines Künstler- und Gelehrtenkreises. Der Dichter Ariost besingt sie in seinem Werk »Orlando«. Schließlich zog sie Michelangelo Buonarotti in ihren Bann. Ihr Briefwechsel mit dem Kunstler ist eines der schönsten Zeugnisse menschlicher Freundschaft. Seine Zuneigung schlug sich in zahlreichen Sonetten an die Dichterin nieder. Das berühmteste darunter ist das »Posciach' appreso«. »Sie hatte eine sehr große Liebe für mich und ich nicht weniger für sie, der Tod raubte mir einen großen Freund«, schrieb Michelangelo, der lange Zeit darüber betrübt war, dass er seiner Seelenfreundin nach »ihrem Verscheiden nicht wie die Hand so auch die Stirne und das Antlitz geküsst« habe. Von tiefster Empfindung getragen schrieb er für Vittoria:

>> *So hoch erhebst du, Herrin,*
mich über mich hinaus,
dass ich nichts sagen kann,
nichts denken, denn ich bin nicht mehr ich selbst.
doch da du deine Flügel
mir leihst, warum nicht öfter
flieg ich empor zu deinem holden Antlitz,

dass ich bei dir verweile -
falls es vergönnt der Himmel,
mit ird'schem Leid ins Paradies zu kommen?«

Vittoria Colonna starb am 25. Februar 1547. Ihr Tod versetzte den Künstler in »eine lange Zeit voll tiefen Kummers, wie jemand, dem die Sinne erstorben sind.« Er hatte ihr die Zeichnung eines Kruzifixes zum Geschenk gemacht, die sich heute im British Museum in London befindet.

In einem ihrer letzten Sonette hat Vittoria Colonna Abschied vom Leben genommen: »Und wie ein zartes Licht den Schein um mich verbreitet, fällt langsam nun von meinen Schultern ab der dunkle und schwere Mantel Schuld; und mit dem sanften Gleiten ersteh ich neu im Weiß der unschuldsvollen Liebe.«

»In treuer Brust ein and'rer Frühling grünet,
geschmückt mit Blumen und mit frischen Zweigen:
Heim meiner Sonne Tag muss sie erzeugen,
der stets ins Herz mir scheint und Schmerz mir sühnet.
den Blumen süß vergleich' ich die Gedanken,
so lieblich duftend stets in mildem Scheine,
dem sie erwacht, dem sie ihr Dasein danken.
Und Hoffnung webt so linde in den Zweigen,
dir nur vom Himmel kommt, dass auch die meine
zur Heimat mag von ihrem Glanze steigen.«

Margarete von Österreich

* 1480 in Brüssel
† 1530 in Mechelen

Statthalterin in den Niederlanden

*»Seht Euch Margarete an, dies sanfte Fräulein. Sie hatte zwei
Ehemänner und ist doch noch Jungfrau.«*

(Zeitgenössischer Spottvers)

Hochzeiten zur Sicherung der politischen Machtstellung
waren nichts Seltenes in den führenden Dynastien früherer
Jahrhunderte – auch nicht im Hause Habsburg. Erzherzogin
Margarete, die Tochter von Kaiser Maximilian I. und der Maria
von Burgund, galt als die begehrteste Erbtochter ihrer Zeit. Mit
drei Jahren wurde sie aus politischen Gründen mit dem französischen Dauphin, dem späteren König Karl VIII. verheiratet
und zugleich von ihren Eltern zur Erziehung nach Amboise
an den französischen Hof gegeben. Als Elfjährige musste sie
erleben, dass ihr »Gemahl« am 6. Dezember 1491 Anne, die
Erbin der Bretagne, heiratete. Dies bedeutete, dass Margarete
abgeschoben wurde. Daraufhin erklärte der verärgerte Kaiser
dem untreuen Karl VIII. den Krieg und nahm ihm Flandern,
Artois – das zur Mitgift von Margarete gehört hatte – und die
Freigrafschaft Burgund ab.

Margarete hatte man an den Hof ihrer Stiefgroßmutter
Margarete von York nach Mechelen zurückgebracht. Somit
arrangierte Kaiser Maximilian I. für seine Kinder Philipp und
Margarete eine doppelte Verbindung mit den Kindern der
Katholischen Könige Ferdinand von Aragonien und Isabella
von Kastilien. Es ging dabei vor allem um die Erbansprüche
auf den spanischen Thron. Eine prachtvolle Doppelhochzeit
festigte die Bande zwischen dem Hause Habsburg und dem
spanischen Herrscherhaus.

Doch Erzherzogin Margarete wurde bereits fünf Monate
nach der am 5. Oktober 1497 in Burgos mit dem Infanten Juan
geschlossenen Ehe Witwe. Sie war erst 17 Jahr alt, und die Ehe
war nicht vollzogen worden. Margarete kehrte daraufhin 1500

97

wieder in die Niederlande zurück, um am 11. Dezember 1501 mit Herzog Philibert II. von Savoyen verheiratet zu werden. Nach knapp dreijähriger glücklicher Ehe starb auch dieser Gemahl. Margarete hatte schon zu Lebzeiten ihres Mann an der Regierung Savoyens mitgewirkt und großartig im Schloss von Pont-d'Ain Hof gehalten. Da Margarete kinderlos geblieben war, kam es zu dem Spottvers: »Ci gist Margot, la gente demoiselle, Qu' eut deux maris et si mourut pucelle.« (»Seht Euch Margarete an, dies sanfte Fräulein. Sie hatte zwei Ehemänner und ist doch noch Jungfrau.«)

Margarete kehrte erst im November 1506 nach Mechelen zurück, um wegen des unerwarteten Todes ihres Bruders Philipp in Burgos die Erziehung ihres Neffen Karl und ihrer Nichten Eleonore, Isabella und Maria zu übernehmen. Karl wurde später als Kaiser Karl V. inthronisiert. Die drei Kinder nannten Margarete »Frau Tante und gute Mutter«. Sie verdankten ihr mütterliche Zuwendung und das wertvolle Vorbild einer wahrhaft fürstlichen Frau. Mit 27 Jahren ernannte ihr Vater sie am 8. März 1507 zur Regentin der Niederlande, wo sie sich größter Beliebtheit erfreute. Die Residenzstadt Mechelen, das Zentrum der Provinzialversammlungen, machte die kunstsinnige Regentin zu einem Treffpunkt von Gelehrten und Künstlern. Dorthin kamen etwa Bernard van Orley, Jan Gossaert genannt Mabuse, der Musiker Josquin des Prés, der belgische Poet und Chronist Jean Lemaire oder die Architekten Van Bodeghem und Van Pene, um nur einige zu nennen.

Margaretes Regierungszeit wurde zu einer Periode des Wohlstands und Friedens, da die Regentin über sehr viel diplomatisches Geschick verfügte. Sie führte die Regentschaft von 1507 bis 1515, also bis zur Mündigkeit ihres Neffen Karl, der von 1515 bis 1518 dort regierte. Ihrem Neffen schrieb sie: »Ich lasse Euch als meinen einzigen Erben und die mir anvertrauten Lande ... nach einer Regierung für die ich Gottes Lohn, Eure Zufriedenheit und den Dank der Nachwelt erwarte.« Karl regierte allerdings wenig glücklich, so dass Margarete die Regierungsgeschäfte wieder übernahm und bis zu ihrem Tode im Jahre 1530 weiterführte.

1528 gelang es Margarete, einen definitiven Frieden mit dem Herzogtum Geldern auszuhandeln. Ein Jahr später war sie maßgeblich beteiligt am so genannten »Damenfrieden« von

Cambrai, in dem Frankreich auf seine Souveränitätsrechte über Artois und Flandern verzichtete. Den Frieden hatten – ohne kriegerische Verwicklungen – die beiden Frauen Margarete, stellvertretend für ihren Neffen Karl V., und Louise von Savoyen, als Vertreterin ihres Sohnes, des französischen Königs Franz I., zustande gebracht.

Ihre letzte Ruhestätte fand Margarete an der Seite ihres Mannes Philibert von Savoyen und dessen Mutter in der Kirche von Brou bei Bourg-en-Bresse. Margarete hatte in der einfachen Benediktinerklosteranlage eine großartige Kirche, ein Meisterwerk der Spätgotik, errichten lassen, ebenso eine Grablege für ihren zweiten Gemahl, nach dessen Ableben sie sich nicht mehr zu einer erneuten Heirat entschließen konnte. An ihrem Grabmal ist die Regentin zweimal in einer Porträtstatue verewigt, als Herzogin mit Krone und als Frau mit lang wallendem Haar. Ferner sieht man sie andächtig kniend in einem Glasfenster dargestellt.

Margaretes Nachfolge trat ihre Nichte Maria von Ungarn (1505–1558) an. Maria, die Schwester Karls V., vor allem wegen ihrer Toleranz gerühmt, hatte in Mechelen am Hof ihrer Tante eine sorgfältige Erziehung genossen. Bereits 1515 verheiratete man die 10-jährige Prinzessin in Wien in der spektakulären »Kinderhochzeit« mit dem ungarischen Thronfolger. Die 1522 endgültig geschlossene Ehe dauerte nur vier Jahre, mit 21 Jahren wurde Maria bereits Witwe. Auf abenteuerlichen Wegen floh sie zu ihrer geliebten Tante Margarete nach Mechelen. Dort wirkte sie ab 1530 als Regentin, wodurch die Tradition der weiblichen Thronfolge in den Niederlanden begründet wurde.

Margarete war eine musisch sehr begabte Herrscherin. Sie malte Porträts, komponierte und dichtete. Ihre Kompositionen sind zum großen Teil erhalten. In den »Albums poétiques« fasste sie Gedichte und Kompositionen zusammen, die von ihr und Mitgliedern des Hofes verfasst worden waren. Es finden sich darin Werke von Pierre de la Rue, Ockeghem und anderer Komponisten der niederländischen Schulen, die für Margarete arbeiteten. Der Arzt und Humanist Heinrich Cornelius Agrippa von Nettersheim widmete der von ihm bewunderten Frau seine zukunftweisende Schrift »De nobilitate et praecellentia foeminei sexus«. Er plädierte darin stark für eine volle Gleichstellung der Geschlechter.

Erfreulich ist die Tatsache, dass die Reden und Schriften dieser ebenso gebildeten wie tatkräftigen Statthalterin 1549 von Jean le Maire gesammelt und unter dem Titel »Krone der Margarete« veröffentlicht wurden. Ihr Briefwechsel mit dem kaiserlichen Vater erschien ebenfalls in zwei Bänden. Margarete selbst verfasste eine Abhandlung über ihr Leben und die Schicksalsschläge, die sie erlitten hatte.

KATHARINA VON BORA

* 1499 in Lippendorf
† 1552 in Torgau

Martin Luthers Ehefrau – »Herr Käthe«

>*»Ich wollte meine Käthe nicht um Frankreich*
>*und um Venedig dazu hergeben ...«*
>(MARTIN LUTHER)

In der Karfreitagnacht des Jahres 1523 entflohen heimlich neun Nonnen aus dem Zisterzienser-Kloster Marienthron in Nimbschen bei Grimma, das ungefähr 30 km südöstlich von Leipzig lag. Ihre Führerin war die 24-jährige Katharina von Bora, die bereits als elfjähriges Kind von ihrem, aus einem verarmten sächsischen Adelsgeschlecht stammenden Vater, Jan von Bora, ins Kloster gebracht worden. Dort lebten 40 Nonnen in strenger Klausur, das heißt es herrschte Schweigegebot. Gespräche mit Verwandten mussten von der Äbtissin genehmigt werden und waren nur in Gegenwart einer Zuhörerin durch ein vergittertes Redefenster erlaubt.

Fluchthelfer waren damals drei Bürger aus Torgau und der Pfarrer Gabriel Zwilling, die einen großen Planwagen besorgten – ein gefährliches Unternehmen, da auf »Entführung von Nonnen« die Todesstrafe stand. In dem Haus eines Torgauer Ratsherrn fanden die jungen Frauen erste Aufnahme. Von dort gingen sie nach Wittenberg, in eine Stadt, die dem Kurfürsten Friedrich dem Weisen gehörte, dem Schutzherrn von Martin Luther. Der Reformator brachte die Flüchtlinge in Bürgerfamilien unter und war auch weiter um ihr Wohl bemüht. Man hielt es auf jeden Fall für das Beste, die jungen Frauen so schnell wie möglich zu verheiraten und manchen auch eine Stelle als Lehrerin oder Magd zu verschaffen. Wenn das nicht funktionierte, dann bestand die Gefahr, dass die einstigen Nonnen ihren Lebensunterhalt als Prostituierte verdienen mussten.

Luthers Versuche, Katharina zu verheiraten, gestalteten sich schwierig. Der erste Bewerber, der Nürnberger Patrizier

Hieronymus Baumgartner, fügte sich dem Veto seiner Familie, die Katharina als Besitzlose ablehnte. Den zweiten ihr vorgeschlagenen Kandidaten, Pfarrer Glatz in Orlamünde, mochte Katharina nicht. Ihr Wunsch war, entweder Nikolaus von Amsdorf oder Luther selbst zu heiraten. Schließlich willigte der Reformator ein, sie zur Ehefrau zu nehmen, denn wie oft hatte er sonntags schon von der Kanzel verkündet, dass die Ehe etwas Gottgewolltes sei. Die Hochzeit des mittlerweile 42-jährigen Martin Luther mit der 26-jährigen Katharina von Bora fand am 13. Juni 1525 statt. Pfarrer Johannes Bugenhagen traute das Paar im Schwarzen Kloster. Erst 14 Tage später gab es ein Hochzeitsmahl. Nach seinem ersten Ehejahr schrieb Luther über Katharina von Bora: »Meine Frau ist fügsam, gefällig und freundlich über alles hinaus, was ich zu hoffen wagte.« Er freute sich, dass er nun eine Frau hatte, die für ihn sorgte: »Ehe ich heiratete, hat mir ein ganzes Jahr hindurch niemand das Bett zurechtgemacht, in dem das Stroh von meinem Schweiß faulte. Ich war müde und arbeitete mich den Tag ab und fiel so ins Bett, wusste nichts darum.«

In der streng patriarchalischen Welt Luthers wurde mit der Eheschließung auch die Mutterschaft zur biologischen Notwendigkeit für Frauen. Die Schmerzen und Gefahren von Schwangerschaft und Geburten sollten sie, als Zeichen ihrer Gottergebenheit, freudig auf sich nehmen: »Ob sie sich aber auch müde und zuletzt tottragen, das schadet nicht, lass sie nur tottragen, sie sind drum da.« Frauen sollten beim Gebären dahin gehend ermahnt werden, ihre höchste Kraft darein zu stecken, dass das Kind genese, »ob sie gleich darüber sterben.« Ob er sich diesen Satz vor Augen hielt, als er seine Ehefrau bei der Geburt seiner Kinder erlebte? Katharina brachte zwischen 1526 und 1534 sechs Kinder zur Welt: Johannes (Hans oder Hänschen genannt), Elisabeth, Magdalena, Martin, Paul und Margaretha. Der Erstgeborene wurde besonders streng erzogen, mit sieben Jahren schon an der Universität Wittenberg eingeschrieben und erreichte mit 14 Jahren den Grad des Baccalaureus. Tochter Lenchen (1529–1542) wurde Luthers Lieblingskind.

Katharina verwandelte das »Schwarze Kloster«, das aufgelöste Wittenberger Augustinerkloster, das man dem Reformator zur Verfügung gestellt hatte, in ein stattliches Wohnhaus.

Sie ließ eine Badestube einrichten und verwandelte den ehemaligen Friedhof in einen Gemüse- und Obstgarten. Zusätzlich ließ sie Ställe für die Schweinezucht bauen. 1542 besaß sie acht Schweine, fünf Kühe, neun Kälber, Hühner, Tauben, Gänse. Es gab auch mehrere Hunde im Haus, Luthers Liebling hörte auf den Namen Tölpel. Außerdem kümmerte sie sich um eine Bierbrauerei, Bienenstöcke und einen eigenen Fischteich. Sie verwaltete das Bauerngut in Züllsdorf und bewirtschafte das Pachtland vor den Toren Wittenbergs. Diese Güter und Einkünfte wie auch die zweihundert Gulden jährlich vom Kurfürsten von Sachsen streckte sie so gut sie konnte. Die insgesamt vierzig Zimmer waren zusätzlich zur Familie mit Kostgängern belegt: Studenten der Universität, Nonnen und Mönche, die evangelisch geworden waren. Außerdem zog Katharina acht von Luthers Nichten und Neffen auf und betreute eine ihrer Tanten.

Katharina musste sehr sparsam sein, denn oft befand sich Familie Luther in finanzieller Bedrängnis. Katharina kam nie zur Ruhe und der einzige Diener, den sie hatte, erwies sich als ausgesprochen faul. Als Martin Luther am 18.2.1546 an Angina pectoris starb, stand seine »Herr Käthe« mit fast leeren Händen da. Außerdem wurde Luthers selbst erstelltes Testament nicht anerkannt. Doch Katharina gab nicht auf. Durch ihre zähen Verhandlungen mit Kurfürst Johann Friedrich I. und dessen Kanzler erreichte sie tatsächlich, dass man ihr nicht die Verantwortung für die Kinder entzog, und sie weiterhin in ihrem Haus bleiben und ihren Besitz, wie bisher, selbst verwalten konnte. Sie wurde finanziell zusätzlich von Herzog Albrecht von Preußen und König Christian III. von Dänemark unterstützt.

Vor den Wirren des Schmalkaldischen Krieges floh sie 1546 und 1547 mit ihren Kindern nach Magdeburg, kehrte aber 1547 erneut nach Wittenberg zurück. Als 1552 die Pest in Wittenberg ausgebrochen war, flüchtete sie mit ihren Kindern Paul und Margarethe nach Torgau, vor dessen Toren sie einen Unfall mit ihrer Kutsche hatte: Ihr Pferdegespann scheute, sie sprang aus der Kutsche, um die Tiere zu bremsen, fiel dabei aber in einen Graben am Wegrand. Obwohl der Bruch eines Beckenknochens nicht lebensgefährlich war, starb sie am 20. Dezember an den Folgen einer Lungenentzündung. Sie ruht nicht an der Seite ihres Mannes in Wittenberg, sondern in der Marienkirche in Torgau.

Martin Luther setzte seiner Frau dieses literarische Denkmal: »Ich wollte meine Käthe nicht um Frankreich und um Venedig dazu hergeben, erstens darum, weil Gott sie mir geschenkt und mich ihr gegeben hat; zweitens, weil ich oft erfahre, dass andere Frauen mehr Fehler haben als meine Käthe (obwohl sie auch einige hat, stehen ihnen doch viele große Tugenden entgegen); drittens, weil sie den Glauben des Ehestandes, das ist Treue und Ehre, wahrt. So soll umgekehrt auch das Weib über den Mann denken.«

MARGARET ROPER

* 1505 in London
† 1544 in London

Humanistin

»*Unter allen meinen Kindern und meiner ganzen Familie ist
mir niemand teurer als Du, meine geliebte Tochter.*«
(SIR THOMAS MORE)

Der aufkeimende weibliche Humanismus in England empfing seine größte Inspiration durch Sir Thomas More, der mit
Erasmus von Rotterdam, John Colet und anderen großen Geis-
tern zu Beginn des 16. Jahrhunderts befreundet war. Sir More
unterwies seine drei Töchter (zusammen mit deren Bruder)
selbst in den klassischen Studien, und zwar auf höchstem Niveau – unter Einschluss des Griechischen, der Rhetorik, der
Philosophie und der Mathematik. In einem Brief an den Privat-
lehrer seiner Töchter erläuterte er, dass Bildung für Mädchen
ebenso nützlich sei wie für Jungen: »Beide tragen den Namen
des Menschen, dessen Natur sich durch die Vernunft von der
des Tieres unterscheidet; beide also sind gleichermaßen geeignet für den Erwerb von Bildung, durch welche die Vernunft
kultiviert wird und wie gepflügtes Ackerland eine Ernte reifen
lässt, wenn der Samen guter Prinzipien gesät worden ist.« Er
hatte nicht die Absicht, seine Töchter zu Berufsgelehrten her-
anzuziehen, sondern tüchtige Mütter und freundliche Gemah-
linnen für die Beherrscher Englands aus ihnen zu machen. Von
den drei Töchtern war Margaret das »glänzendste Produkt«
von Mores häuslichem Schulunterricht.

Margaret war die Tochter des jungen Anwalts Thomas More
und dessen Ehefrau Jane, geb. Colt. Die Mutter starb nach der
Geburt des vierten Kindes, ihres ersten Sohnes, im blühenden
Alter von 23 Jahren. Um seinen kleinen Kindern wieder eine
Mutter zu geben, heiratete Thomas More die Witwe Alice
Middleton, die eine Tochter aus erster Ehe mitbrachte. Die
16–jährige Margaret, mit dem zwölf Jahre älteren Juristen Wil-
liam Roper vermählt, schien als intellektuelle Gefährtin ihres

gelehrten Gatten und als Mutter künftiger Generationen weiblichen Talents dem Ideal ihres Vaters zu entsprechen.

Das junge Paar blieb im Moreschen Elternhaus, in dem immer ein reges Familienleben herrschte. Ein häufiger Gast dort war Erasmus von Rotterdam. In einem Brief an Margaret, der sich auf die von Hans Holbein dem Jüngeren gezeichnete Skizze der Moreschen Familie bezieht, wies er ganz besonders darauf hin, »wie sehr er durch ihre schöne Gestalt hindurch die noch schönere Seele erkannt habe.«

Margaret befasste sich als junge Frau mit medizinischen Studien. Sie schrieb auch gerne Verse, die sie gelegentlich dem Vater schickte, wenn dieser auf Reisen war. Von ihrer Hand haben wir eine englische Übersetzung von Erasmus' Kommentar zum Vaterunser, »A Devout Treatise upon the Paternoster«, die sie mit neunzehn Jahren abschloss und die sich durch bemerkenswerte theologische Sensibilität auszeichnet. Dieses Werk, ihr wichtigstes erhaltenes, wurde noch zu ihren Lebzeiten von Richard Hyrde herausgegeben, dem Übersetzer von Vives' »Institutio foeminae christianae«, der in seiner Einleitung wertvolle Argumente für die klassische Bildung von Frauen lieferte. Erasmus nannte Margaret »eine junge tugendhafte, hochgebildete adlige Dame.«

Die genaue Zahl ihrer Kinder ist nicht bekannt. Es überlebten fünf: Elizabeth, Mary, Margaret, Thomas und Anthony. Margaret unterrichtete ihre Töchter zusammen mit der Tochter ihrer Amme. Von Mary ist überliefert, dass sie die Kirchengeschichte des Eusebius aus dem Griechischen in die lateinische und die englische Sprache übersetzte. Diese Arbeit wurde nicht veröffentlicht. Mary Roper-Basset brachte aber ein lateinisch verfasstes Werk ihres Großvaters in englischer Übersetzung heraus: »Treatise of Passion«.

Margarets Vater wurde 1529 von König Heinrich VIII. zum Lordkanzler ernannt. Seine Amtsführung war von einem ausgeprägten Rechtsempfinden gekennzeichnet. Er verurteilte daher des Königs Scheidung von seiner ersten Frau Katharina von Aragon und blieb den Krönungsfeierlichkeiten der neuen Königin Anne Boleyn fern. Als er sich 1534 auch noch weigerte, den Suprematseid (die Anerkennung des Königs als Oberhaupt der Anglikanischen Kirche) abzulegen, wurde er seines Amtes enthoben und im Tower eingekerkert. Es begann eine fünfzehn Monate dauernde Leidenszeit, die gleichzeitig eine noch größere Herzensverbundenheit zwischen Vater und Tochter offenbarte. Bei all ihren Besuchen im Gefängnis versuchte sie, den Vater vor dem sicheren Tod zu retten. Margaret bat ihren Vater immer wieder, sein Gewissen zu erforschen, ob er nicht wie alle anderen Bischöfe und Äbte den Eid auf den König leisten könne. Dieser seinerseits tröstete sie:»Margaret, fasse Dich, quäle Dich nicht mehr, es ist der Wille Gottes. Du kennst das Geheimnis meines Herzen schon lange.« Schließlich akzeptierte sie des Vater Entschluss, betete mit ihm und versuchte, ihm die Tage bis zur endgültigen Trennung von ihm, ihrem »most entirely beloved father« – ihrem von ganzem Herzen geliebten Vater – erträglich zu machen. Nach einer weiteren Verhandlung wurde Sir More kurz vor der Vollstreckung des Todesurteils durch das Beil begnadigt; es war allerdings nur ein Aufschub. Als Margaret ihren Vater sah, wie er in den Tower zurückgeführt wurde, rannte sie in die Menge der Bogenschützen und Lanzenträger und umarmte ihn schluchzend. Am Morgen des wirklichen Todestages betete Margaret in der Nähe des Schafotts in einer Kirche, nachdem sie schon in anderen Kirchen viel Geld an die Armen verschenkt hatte. Nach der Hinrichtung hüllte sie, zusammen mit einer Dienerin, den Leichnam in ein Leinentuch und begrub ihn in der Tower-Kirche. Sicherlich damals unvorstellbar für Margret, dass ihr Vater 1886 selig, 1935 durch Papst Pius XI. heilig gesprochen und 2000 zum Patron der Regierenden und Politiker ernannt wurde.

Doch nicht genug der Demütigungen durch Heinrich VIII. für Margaret, ihren Mann – der auch für kurze Zeit inhaftiert wurde – und ihre Kinder. Des Königs Hass war unersättlich. Er befahl, den Kopf des einstigen Lordkanzlers zur Abschreckung auf der Towerbrücke auf einen Pfahl zu stecken und ihn der Verspottung durch das Volk preiszugeben. Nur durch die Bestechung der Wächter gelang es Margaret, den Kopf heimlich abzunehmen. Daraufhin wurde sie vor den königlichen Rat geladen. Dort gab sie ihre Tat unumwunden zu. Sie konnte sich so brillant verteidigen, dass sie nicht inhaftiert wurde, blieb aber ein Dorn im Auge der Überwachungsbehörden, die sie wohl nicht zu Unrecht in Verdacht hatten, einer altkirchlichen Gruppe anzugehören und an konspirativen Treffen teilzunehmen. Margaret Roper hatte das Haupt ihres Vaters in Spiritus konserviert. Sie verfügte, dass es bei ihrem Tod mit ihr in der Familiengruft beerdigt werden sollte. Sie starb im Alter von 39 Jahren. In dem Theaterstück von Alfred, Lord Tennyson »Dream of Fair Women«, wird Margaret Roper (»who clasped in her last trance, Her murdered father's head«) als ein Paragon der Loyalität und der Liebe zur Familie beschworen.

TERESA VON ÁVILA, TERESA DE JESU

* 1515 in Ávila
† 1582 in Alba de Tormes

Mystikerin, religiöse Reformerin und
Kirchenlehrerin

> *»Ich bin ein Weib und obendrein kein gutes.«*
> (TERESA VON ÁVILA)

Unweit von Salamanca liegt das Städtchen Alba de Tormes, einer der meistbesuchten Wallfahrtsorte Spaniens, da sich dort in der Klosterkirche der Sarkophag der heiligen Teresa befindet. Sie gilt als die größte Mystikerin der katholischen Kirche und wurde von Papst Paul VI. am 28. September 1970 zur Kirchenlehrerin erhoben, eine Ehre, die sie nur noch mit der heiligen Katharina von Siena zu teilen hat.

Die Seligsprechung war schon am 24. April 1614 erfolgt, drei Jahre später kam dann die Ernennung zur Patronin Spaniens. Die Heiligsprechung nahm Papst Gregor XV. am 12. März 1622 vor. Teresas Todestag, der 4. Oktober 1582, sollte nicht ihr Gedenktag werden, da an diesem Tag bereits das Fest des heiligen Franz von Assisi gefeiert wird. So bestimmte man den 5. Oktober, an dem innerhalb des Karmeliterordens das Fest begangen wird. Da jedoch in Teresas Todesjahr der Gregorianische Kalender in Kraft trat, der das laufende Jahr um zehn Tage verkürzte, folgte auf den 4. Oktober der 15. Oktober, der heutige Gedenktag für die große Mystikerin.

In Ávila, das angeblich nur aus »Steinen und Heiligen« besteht, wurde Teresa am 28. März 1515 in eine kinderreiche, sehr wohlhabende Familie hineingeboren. Ihr Großvater war ein konvertierter Jude. Ihre Eltern, Alfonso Sanchez de Cepeda und Beatrix de Ahumanda, ließen sie in der Kirche San Juan taufen. Als Kind verspann sie sich zusammen mit ihrem Bruder spielerisch in religiöse Phantasien; die beiden malten sich ein Leben als Märtyrer oder Einsiedler aus. Als sie vierzehn Jahre alt war, starb ihre Mutter. Ihr Vater beschloss, sie in die Obhut der Augustinernonnen von Santa Maria de Gracia in Ávila zu übergeben, worüber Teresa anfangs unglücklich war. Mit ihren 18 Jahren konnte sie sich aber noch nicht für einen Klostereintritt entscheiden: »Ich wünschte mir immer noch nicht, Nonne werden zu müssen, doch ich fürchtete mich auch sehr vor dem Heiraten.« Nach der intensiven Lektüre der Briefe des Kirchenvaters Hieronymus trat sie am 2. November 1535 schließlich in das Karmelitinnenkloster Santa Maria de la Encarnacion bei Ávila ein, in dem sie bis 1560 blieb. Sie wählte dieses Kloster, weil ihre Freundin Juana Suarez bereits dort eingetreten war.

Anfänglich hatte sie sehr oft schwere gesundheitliche Krisen durchzustehen. Zwei Jahre lag sie so schwer danieder, dass ihre Mitschwestern sie einmal schon für tot hielten. Sie träufelten Wachs auf Teresas Augenlider, um sie geschlossen zu halten. Drei weitere Jahre fühlte sich Teresa invalid und wurde von Lähmungen heimgesucht. Höllenvisionen verursachten ihr körperliche Qualen. Diese wogen jedoch nichts im Vergleich mit dem Todeskampf der Seele, den sie in ihrer Autobiographie (Vida) beschrieb. Erleichterung wurde ihr erst durch die mystische Vereinigung mit Gott zuteil. Das erste Erlebnis nannte sie ihre Konversion, die 1554 während der Fastenzeit geschah. Sie war damals 39 Jahre alt. Sie kniete vor einer Statue des wundenübersäten Christus. Als sie an Maria Magdalena und an deren Bekehrung dachte, weinte sie und es war ihr nicht möglich zu beten. Dann stellte sie sich Jesus im Ölgarten vor und auch den hl. Augustinus im Augenblick seiner Bekehrung. Da erlebte sie die Empfindung, dass Gott in ihr oder sie ganz in ihm versenkt sei. Sie hoffte, nun frei von allen Kämpfen zu werden. Doch ihre Beichtväter glaubten ihr nicht und hießen sie alle Bilder zu verbannen, die ihr Lust verschafft hätten. Fast zehn Jahre verbracht sie in Zweifeln über die geoffenbarten Bilder. Sie nannte dies »eine der peinlichsten« Lebensweisen: »Ich fand keinen Genuss in Gott und hatte auch keine Freude an der Welt.«

Nach der Niederschrift ihres »Gewissenberichtes«, der ersten autobiographischen Beschreibung in spanischer Sprache, kam Teresa zu dem Entschluss, ihren Orden zu reformieren. So begründete sie vor den Toren Ávilas 1562 das erste Reformkloster der Unbeschuhten Karmelitinnen. Bösartige Angriffe der Beschuhten Karmeliten führten dazu, dass 1578 die reformierten Klöster aufgelöst wurden und man Teresa in das Kloster Toledo verbannte. Der Nuntius Sega betrachtete sie als »unruhiges Frauenzimmer, herumstreunend, ungehorsam und verstockt. Unter dem Schein der Frömmigkeit denkt sie sich falsche Lehren aus. Sie doziert wie ein Theologieprofessor, obgleich der heilige Paulus sagt, dass Frauen nicht lehren dürfen.«

Auf der anderen Seite förderten Seelenführer wie Francisco de Osuna, Baltasare Alvarez sowie Domingo Banez die mystische Entfaltung der Nonne. Als besonders fruchtbar erwies sich die Zusammenarbeit zwischen Teresa und Johannes vom Kreuz, der seinerseits den männlichen Zweig der Ordensgemeinschaft reformierte. Beiden gelang es, oft unter größten Anfeindungen, insgesamt 17 Frauen- und 15 Männerklöster von strengster Observanz ins Leben zu rufen, worüber Teresa in ihrem Werk »Das Buch der Gründungen« ausführlich berichtet.

Teresas glänzende Geistesgaben und ihre große sprachliche Kunst sind überliefert in ihren Werken »Das große Buch von den Erbarmungen Gottes«, »Der Weg zur Vollkommenheit«, »Die Seelenburg« sowie in dem aus knapp fünfhundert Briefen bestehenden Briefwechsel mit Persönlichkeiten ihrer Zeit.

Ihre Aufzeichnungen beeinflussten auch Theologen wie die Dominikaner García de Toledo und Pedro Ibanez, ein Leben im Gebet und in mystischer Einigung mit Gott anzustreben. König Philipp II. von Spanien, der sie sehr verehrte, verwahrte Teresas Schriften zusammen mit den Werken des Kirchenlehrers Augustinus in seiner mönchischen Kammer im Escorial auf. Der König war es auch, der schon bald nach dem Tod der »seraphischen Mutter und Doctora mystica« ihre Heiligsprechung in die Wege leitete.

Die berühmteste Darstellung der Heiligen ist jene in der Cornaro-Kapelle in der Kirche Santa Maria della Vittoria in Rom: »Transverberation der heiligen Theresia« von Lorenzo Bernini aus dem Jahr 1646. Auf einer Marmorwolke schwebt die Heilige, hingestreckt in der Vision, in der sie den goldenen Pfeil des über ihr erscheinenden Engels im Herzen erwartet. Indem Bernini mit unvergleichlicher Meisterschaft dem Marmor alle Schwere nahm, hielt er die Figuren und den Vorgang in der Schwebe. Die »Kopfstudie« für die Marmorfigur der Heiligen wird im Museum der Bildenden Künste in Leipzig gezeigt. Bekannt ist auch das Deckenfresko von Giovanni Battista Tiepolo (1725) in der Chiesa degli Scalzi in Venedig.

Olympia Fulvia Morata

* 1526 in Ferrara
† 1555 in Heidelberg

Humanistin

»... der gelehrtesten und ganz unvergleichlichen Frau.«

(Curione)

Im Jahr 1558, drei Jahre nach dem Tod der Olympia Fulvia Morate, veröffentlichte ihr Freund Curione ihre erhalten gebliebenen Werke – lateinische und griechische Reden, Dialoge, Gedichte, zwei lateinische Versionen von Geschichten aus Boccaccios Dekameron und eine griechische Psalmenparaphrase – unter dem Titel »Olympiae Fulviae Moratae foeminae doctissimae ac plane divinae orationes, dialogi, epistolae, carmina, tam Latina quam Graeca« (Die sowohl lateinischen wie griechischen Reden, Dialoge, Briefe und Gesänge der gelehrtesten und ganz unvergleichlichen Frau Olympia Fulvia Morata). Mit diesem Buch sorgte er für die Unsterblichkeit seiner Freundin Olympia Fulvia Morata, wie er es ihrer Mutter in einem Brief prophezeite: »... Deine Tochter lebt auch noch in dieser Welt... in dem Gedächtnis aller hervorragenden Geister. Denn das ist nicht allein für Leben zu halten, das von Körper und Geist umfasst wird, sondern viel stärker das, was in der Geschichte aller Jahrhunderte seine Kraft zeigen, das die Nachwelt weiterhegen, ja, auf welches die Ewigkeit selbst immer blicken wird...«
Kurz bevor Olympia schließlich am 26.10.1555 um 16 Uhr für immer die Augen schloss – sie starb an Tuberkulose – schrieb sie noch einmal ihrem alten Freund Curione, dem sie zusätzlich noch ihre Gedichte beilegte, die dieser in Basel veröffentlichen wollte: »Du sollst wissen, mein Caelius, dass mir alle Hoffnung auf ein längeres Leben genommen ist. Alle die Medikamente, die ich gebraucht habe, helfen mir nicht mehr. Von Tag zu Tag, ja von Stunde zu Stunde erwarten die unsern nichts anderes, als dass ich von hier abscheide, und ich weiß wohl, dass dies der letzte Brief ist, den Du von mir erhalten wirst. Ich habe alle Kraft verloren, ich habe keinen Ge-

schmack an Speisen. Der Husten droht mich Tag und Nacht zu ersticken. Das Fieber ist heftig und anhaltend. Schmerzen im ganzen Körper rauben mir den Schlaf. So bleibt mir nichts anderes, als dass ich den Atem aushauche... Ich schicke Dir auf Deine Bitte die Gedichte, die ich nach der Zerstörung von Schweinfurt aus dem Gedächtnis wiederherstellen konnte. Sei Du mein Aristarch (der korrigierte Homers Dichtungen) und lege die letzte Hand daran. Noch einmal, lebe wohl!« Am 22.12.1555 starb Olympias Mann, gefolgt von ihrem erst 13–jähriger Bruder, die wahrscheinlich beide der Pest zum Opfer fielen. Alle drei fanden in der Peterskirche in Heidelberg ihre letzte Ruhestätte.

Olympia war die Tochter des gebildeten und heterodoxen Fulvio Pellegrino Morata, der in den Jugendjahren seiner Tochter am Hofe zu Ferrara weilte. In diesem funkelnden Mittelpunkt der Renaissancekultur hatte Olympia Morata die Kammerzofen der Herzogin Renée zu Freundinnen und deren Tochter Anne, die später in eine französische Familie von katholischen Zeloten (Guise) heiratete, zur vertrauten Gefährtin. Olympia, die anfänglich von ihrem Vater unterrichtet worden war, stand bald im Rufe eines weiblichen Wunderkindes. Schon im Alter von sechs Jahren soll sie von den gelehrten Freunden ihres Vaters wegen ihrer geistigen Fähigkeiten mit den höchsten Lobsprüchen versehen worden sein. Mit 12 Jahren beherrschte sie bereits perfekt die lateinische und die griechische Sprache sowie sämtliche sieben Disziplinen der Artes liberales: Grammatik, Rhetorik, Logik, Astronomie, Musik, Arithmetik und Geometrie. Als Lehrer erhielten die beiden Schülerinnen, Anne und Olympia, die deutschen humanistischen Brüder Johannes und Kilian Sinapius zugeteilt, die für die Unterrichtsfächer Griechisch und Latein zuständig waren.

Olympia wurde obendrein natürlich als Wunderkind vorgeführt. So hielt sie 1541 in der herzoglichen Akademie, die von ihrem Lehrer Johannes Sinapius geleitet wurde, drei öffentliche Vorlesungen über die Paradoxa Ciceros ab. Außerdem durften ihre Zuhörer unter anderem ihrer griechischen Lobrede über den altrömischen Helden Mucius Scaevola, ihren Anmerkungen zu Homer und ihrer Verteidigung Ciceros sowie im Jahre 1547 ihrem griechischen Trauergedicht anlässlich des Todes des Kardinals Pietro Bembo lauschen. In diesem

Jahr schrieb sie auch folgendes Gedicht in Altgriechisch über sich selbst:

»Niemals erfreute das Herz aller Menschen ein und dasselbe,
niemals gab gleichen Sinn Zeus allen Menschen zugleich.
Rossebezähmer war Kastor, im Faustkampf stark Polydeukes –
stammten vom selben Schwan beide Helden doch ab!
Ich zwar, Frau von Geburt, verließ doch die Werke der Frauen:
Körbe und Spulen mit Garn, Fäden zum Zettel gespannt.
Mir schenken Freude die blühenden Auen der Musen, die Chöre
Auf dem hohen Parnaß, der sich zweifach erhebt.
Andere Frauen mögen an anderen Dingen sich freuen:
Dies allein bringt mir Ruhm, dies allein ist mein Glück.«

Mit ihrem Vater wandte Olympia sich der lutherischen Lehre zu. Sein Tod im Jahre 1548 und der zunehmende Einfluss der gegenreformatorischen Inquisition in Ferrara nötigten sie zum Abschied vom Hof von Ferrara. Sie musste sogar die Kleider zurückgeben, die sie dort getragen hatte.

Im Winter 1549/50 heiratete sie den in Ferrara zum Doktor der Medizin promovierten Andreas Grundler (auch: Gründler, um 1506–1555) aus Schweinfurt, der ebenfalls der Reformation anhing. Sie zogen 1550, mit Aufenthalten in Augsburg, Kaufbeuren und Würzburg, schließlich in das evangelische Schweinfurt um. Durch die Besetzung Schweinfurts durch Markgraf Albrecht von Brandenburg-Kulmbach und die folgende Belagerung durch seine Gegner, Eroberung und Plünderung im Juni 1554 retteten Grundler, Olympia und Emilio nur das nackte Leben. Ihr Mann trat eine medizinische Professur in Heidelberg an. Olympia war damals schon eine sehr kranke Frau.

Olympia Moratas Leistungen führten die Tradition der italienischen Humanistinnen auf die andere Seite der Alpen, wo es bisher nur sehr wenige solcher Frauen gab. So wiederholte sich das italienische Phänomen einer gebildeten Frau in der aus dem Nürnberger Patriziat stammenden Äbtissin Caritas Pirckheimer, dann in Isotta Nogarola, Laura Cereta, Cassandra Fedele und Olympia Morata. Von einer intelligenten Frau wurde erwartet: »Wenn sie mehr Verstand hat, so soll sie den Anstand und die Weisheit besitzen, nicht zu zeigen, wieviel Verstand sie hat. Man will sie nicht als Herrscherin haben. Ein Mann soll in vielen Wissenschaften bewandert sein.«

Barbara Blomberg

* 1527 in Regensburg
† 1597 in Ambrosero

Die schöne Barbara

»Kaisergeliebte und Heldenmutter«

Der Lebensweg der Barbara Blomberg war ungewöhnlich: von der einfachen Bürgerstochter zur Geliebten eines Kaisers und »erlauchten Heldenmutter«. Weder das genaue Datum der Geburt noch das Geburtshaus von Barbara Blomberg sind überliefert. Fest steht, dass sie als das erste Kind von Sibylla und Wolfgang Plumberger in Regensburg 1527 zur Welt kam. Der Vater, als Gürtler und Zunftmitglied nachweisbar, starb schon früh. Sie wuchs bei ihren Eltern in der Tändlergasse wohlbehütet auf. Die Mutter, die »Schöngirtlerin«, verheiratete sich 1552 erneut. Sooft der mächtige Kaiser Karl V. zu Reichstagen in Regensburg weilte, nahm er Wohnung in dem Gasthof »Goldenes Kreuz«. Es lässt sich bis heute nicht herausfinden, wie Barbara Blomberg die Bekanntschaft des Kaisers machte. Tatsache ist, dass die »Jungfrau, von sittsamem Lebenswandel und sehr kindlich«, des Kaisers Geliebte wurde. Als der 45–jährige Kaiser 1546 Regensburg verließ, war Barbara von ihm schwanger. Die beiden sollten sich nie wieder sehen. Die Regensburgerin brachte einen Sohn zur Welt, der den Namen Hieronymus erhielt. Während die Kindsmutter den Kaiser offensichtlich nicht mehr interessierte, sollte sein Sohn in Spanien »unter treuer Obhut« heranwachsen.

Während seines Aufenthalts in Augsburg im Herbst des Jahres 1547 soll Karl V. Verfügungen bezüglich des kleinen Jungen getroffen haben. Das Baby Hieronymus, knapp sechs Monate alt, wurde der Liebe seiner Mutter entzogen. Es kam in die Obhut des kaiserlichen Kammerdieners Adrian du Bois, der mit dem Kammerpförtner Ogier Bodart in das Geheimnis des Fürsten eingeweiht gewesen ist. Der nächste Betreuer war der Violinspieler Francisco Massi, dann der kaiserliche Hofmarschall Luis Quijada Hieronymus und seine Frau Magdalena de Ulloa.

Mit zwölf Jahren wurde Hieronymus offiziell als der Sohn des Kaisers anerkannt und führte von da an den Namen Don Juan de Austria. Barbara Blomberg war mit dem aus Kärnten stammenden kaiserlichen Offizier Hieronymus Kegel verheiratet worden. Sie wurde Mutter von drei weiteren Kindern, zwei Söhnen und einer Tochter. Sie zog mit ihrem Ehemann im Jahr 1551 nach Brüssel, wo er zum Inspektor der deutschen Regimenter in den Niederlanden ernannt wurde. Ihre Geburtsstadt Regensburg sollte sie nicht wieder sehen. Im Jahr 1569 wurde die 42–jährige Barbara schon Witwe. Am 20. Juni 1569, acht Tage nach dem Ableben ihres Mannes, verlor sie ihren zweiten Sohn, der in einen Brunnen gefallen war. Angeblich hinterließ ihr Mann eine Menge Schulden. Herzog Alba, Gouverneur der Niederlande, berichtete König Philipp II. nach Spanien: »Die hinterlassene Witwe ist vollkommen mittellos und hat viele Schulden.« Schließlich bekam Barbara eine jährliche Rente in Höhe von 4944 Gulden. Auf Bitte des Gouverneurs zog sie im Spätherbst 1570 nach Gent um, wo ihr ein passender Haushalt eingerichtet wurde.

Die erste und letzte Zusammenkunft zwischen Mutter und Sohn fand im Schloss in Luxemburg statt. Don Juan galt seit dem Sieg über die Türken in der Seeschlacht bei Lepanto (1571) als der »Retter des Abendlandes«. Er wurde sogar als größter »Held der Christenheit« gefeiert, und es ist anzunehmen, dass Barbara Blomberg sich als stolze Mutter ihres berühmten Sohnes fühlte, besonders am 3. November 1576, als Don Juan auf dem Weg nach Brüssel war, um dort als neu ernannter Generalstatthalter der Niederlande installiert zu werden. Als er sie anlässlich dieser Reise besuchte, stand für Juan aber nicht der Wunsch des Sohnes im Vordergrund, endlich seine Mutter kennen zu lernen, sondern vielmehr die Absicht, sie zu drängen aus den Niederlanden zu verschwinden und ihr Spanien als künftigen Aufenthalt vorzuschlagen. Es bedurfte erheblicher Überredungskünste und Drohungen des Sohnes, seine Mutter dazu zu bringen. Im März 1577 verließ Barbara Blomberg per Schiff die Niederlande und ging im Hafen von Laredo an Land. Dort holte sie jene Frau ab, die ihren Sohn als Pflegemutter erzogen hatte: Dona Magdalena de Ulloa. Barbara bezog ihr neues Domizil in San Cebrián de Mazote, etwa 70 Kilometer von Valladolid entfernt. Don Juan de Austria hatte das dortige Dominikanerinnenkloster »Santa Maria la Real« als Aufenthaltsort für seine Mutter gewünscht.

Ihr Sohn starb mit 41 Jahren. Kurz vor seinem Tod im Oktober 1758 hatte er sich noch dafür eingesetzt, dass sein Halbbruder, der spanische König Philipp II., seiner Mutter eine jährliche Summe von 3000 Dukaten zugestand. Doch die Gelder flossen unregelmäßig und mussten oft angemahnt werden. Die Mutter wohnte damals im Palast des Juan de Escobedo, zog danach 1584 nach Ambrosero. Noch heute bezeichnen die Bewohner des Dorfes das Gehöft, in dem sie wohnte, mit dem Namen »Barrio Madama« oder »palacio de madama«. Madama Barbara de Blomberg starb am 18. Dezember 1597 auf ihrem Landgut in Ambrosero. In ihrem Testament, kurz vor ihrem Tod im Sommer 1597 in Colindres aufgesetzt, vermachte sie ihren gesamten Besitz König Philipp II. von Spanien, Sohn ihres geliebten Kaiser Karl V. als Dank für die Gnadenerweisungen, die sie und ihre Kinder von ihm erhalten hatten.

Ihr Grabmal in der Kirche von Montehano geriet im Laufe der Zeit in Vergessenheit. Zufällig fanden im Jahr 1958 Bauarbeiter ein Skelett, das als sterbliche Überreste der Barbara Blomberg identifiziert wurde. Diese wurden am 11. April 1977 in einem Zinksarg wieder in der Seitenkapelle der Kirche von Montehano beigesetzt.

An der Fassade des »Goldenen Kreuzes«, der mittelalterlichen Nobelherberge am Haidplatz in Regensburg, kann man in verwitterten Buchstaben lesen:

> *»Ihr Stamm war bieder, schlicht und recht,*
> *Plumberger schrieb sich das Geschlecht,*
> *dem bracht des Kaysers Lieb viel Leid,*
> *doch Trost und Heyl der Christenheit.«*

PHILIPPINE WELSER

* in 1527 Augsburg
† auf 1580 Schloss Ambras

Bürgerstochter und Erzherzogin

»Philippine, die Mutter Tirols«

Zwei Augsburgerinnen des 15. und 16. Jahrhunderts sind durch ihre unstandesgemäße Liebe bekannt geworden. Das war zunächst die Augsburger Baderstochter Agnes Bernauer, die im Jahr 1453 den Tod durch Ertränken in der Donau bei Straubing durch ihren herzoglichen Schwiegervater, Herzog Ernst von Bayern, erleiden musste, weil ihre Liebe zu dem bayerischen Herzog Albrecht als teuflisch galt und sie der Hexerei verdächtigt wurde. Einen sehr viel charmanteren Schwiegervater bekam Philippine Welser durch ihre Heirat mit Erzherzog Ferdinand II. Doch so ohne weiteres duldete man keine zwar gebildete, doch nicht ebenbürtige Patriziertochter aus dem Augsburger Handelshaus am Habsburger Hof.

Philippine Welser war die Tochter von Franz (1497–1572) und Anna Welser (1507–1572) geb. Adler und somit die Nichte des berühmten Bartholomäus Welser, der von Kaiser Karl V. Venezuela zur Kolonisierung bekam und dessen Geschick aufs Engste mit der Entwicklung des Weltreiches Kaiser Karls V. verknüpft war.

Erzherzog Ferdinand von Österreich soll bei einem Reichstag in Augsburg hoch zu Ross am Welserschen Haus vorbei geritten sein und die am Fenster stehende hübsche Philippine gegrüßt haben, in die er sich sofort verliebte. Leider ist die Romanze so nicht nachweisbar.

Philippine, damals schon 29 Jahre alt, war im Jahr 1556 bei ihrer Tante, Katharina von Loxan, der Herrin von Burg Bresnitz, zu Besuch. Dort lernte sie Ferdinand, der damals böhmischer Statthalter des Hauses Habsburg war, kennen und lieben. Schon im Januar 1557 fand in der Burgkapelle von Bresnitz heimlich die unstandesgemäße Trauung statt, die Ferdinands

Beichtvater, Johann de Cavaleriis, vollzog. Philippines Schwiegervater, Kaiser Ferdinand I., genehmigte eine Verpflichtungserklärung seines Sohnes Ferdinand, die auch Philippine am 6. September 1561 in Prag unterschrieb: Die Ehe musste absolut geheim gehalten werden, die Söhne wurden von der Erbfolge ausgeschlossen. Am 15. Juni 1558 gebar Philippine ihren Sohn Andreas. Alle ihre Kinder wurden sofort nach der Geburt vor das Eingangstor der Burg gelegt, um dann vom Kastellan »gefunden« und der Mutter gebracht zu werden. Somit zog Philippine dann nicht ihr eigenes, nicht standesgemäßes Kind, sondern ein Findelkind auf.

Nach der Übersiedlung auf das Königsschloss Bürglitz, kam am 22. November der zweite Sohn Karl zur Welt. Die am 7. August 1562 geborenen Zwillinge, Philipp und Maria, starben zum großen Leidwesen des Paares schon kurz nach der Geburt. Der Kaiser selbst hatte damals angeordnet, dass die beiden kleinen Toten in die kaiserliche Burg nach Prag überführt und dort im Dunkel der Nacht beigesetzt werden mussten.

Im Jahr 1567 zogen Philippine und Ferdinand, nun Erzherzog von Tirol, nach Innsbruck. Als Landesfürst ließ er die außerhalb von Innsbruck gelegene mittelalterliche Burg Ambras zu einem prächtigen Renaissanceschloss ausbauen und schenkte es Philippine. Im Hochschloss befanden sich die Wohnräumlichkeiten: Erzherzog Ferdinand II. bewohnte den Nordtrakt des 1. Stockwerks, seine Gemahlin die 2. Etage desselben Traktes.

Erzherzog Ferdinand II. von Tirol erhob Philippines Vater in den Freiherrnstand mit dem Titel »Freiherr von Zinnenburg«. Nun konnte Philippine das Prädikat Freiin von Zinnenburg führen. Ihr Mann überschrieb ihr mehrere Güter und beschenkte sie reichlich. Sie erhielt zusätzlich die Titel Markgräfin zu Burgau, Landgräfin zu Mellenburg und Gräfin von Ober- und Niederhohenberg.

Vier Jahr vor Philippines Tod entband Papst Gregor XIII. die Eheleute vom Gelübde der Geheimhaltung der Ehe, die damals schon 18 Jahre währte. Der Grund dafür war die Ernennung des ältesten Sohnes Andreas Bischof von Konstanz und Brixen (1558–1600 Rom) zum Kardinal. Für die Erlangung dieser hohen kirchlichen Würde, war die eheliche Geburt Voraussetzung. Sohn Karl von Österreich (1560–1618 Überlingen), kaiserlicher General in Ungarn, wurde Markgraf von Burgau in Vorderösterreich.

Philippine hinterließ ein Kochbuch, in dem von ihr auf 136 Blättern 651 Rezepte – sachlich geordnet, mit den Torten beginnend und mit den Fastenspeisen endend – festgehalten wurden. Viele Rezepte sind im schwäbischen Dialekt geschrieben. So gibt es Affen- oder Äffenmund, das sind Maultaschen, Schnitzla, brielin (Brühlein), strybl daig (Straubenteig), weinberla und die Anweisung »damit es nit annprinn oder knollet wird«. Sie selbst dürfte allerdings kaum für einen Hofstaat von oft über 300 Personen selbst am Herd gestanden haben. Nach ihren Rezepten wird bis heute in der »Welser Kuche« in Augsburg und München gekocht und der damaligen Zeit entsprechend nur mit einem Stilett als Esswerkzeug fröhlich getafelt.

Philippines Leidenschaft gehörte der Pharmakologie. Sie stand in engem Kontakt mit dem bedeutenden Tiroler Arzt Hippolytus Guarinonius. In ihrer reich ausgestatteten Apotheke in Ambras stellte sie selbst Heilmittel her oder studierte in ihren Kräuterbüchern, um den vielen kranken Untertanen helfen zu können. Ihre medizinischen und pharmakologischen Erfahrungen legte sie in einem 127–seitigen Buch nieder, das sich heute in der Wiener Hofbibliothek befindet. Das Arzneibuch ist ein einzigartiges Dokument der Volksheilkunde jener Zeit.

Der 20. April 1580 ist der Todestag von Philippine. Vier Tage später wurde sie in einem feierlichen Leichenbegängnis in der Silbernen Kapelle, einer Seitennische der Hofkirche in Innsbruck, beigesetzt. Alles, was in Tirol Rang und Namen hatte, begleitete sie auf ihrem letzten Weg. Das prächtige Grabmal schuf der berühmte Bildhauer Alexander Collin.

ELISABETH I. (ENGLAND)

* 1533 in Greenwich (heute London)
† 1603 in Richmond

Königin von England und Irland

*»Ich weiß, dass ich zwar den Leib eines schwachen kraftlosen
Weibes, dafür aber Herz und Mark eines Königs, noch dazu
eines Königs von England habe.«*

(ELISABETH I.)

Elisabeth I. zählt zu den bedeutendsten Herrscherinnen der
europäischen Geschichte. Sie selber sah sich als »Virgin Queen«,
die jungfräuliche Königin. Für ihr Volk sollte sie jedoch auch als
die »Gloriana« in die Geschichte Englands in dem nach ihr benannten »Elisabethanischen Zeitalter« eingehen.

Elisabeth wurde am 15. Januar 1559 in der Westminster Abbey in London zur Königin von England und Irland gekrönt.
Mit fünfundzwanzig Jahren bestieg sie somit den Thron und regierte ihr Land mit beispiellosem Erfolg über 44 Jahre. Sie hatte
allerdings kein leichtes Erbe angetreten. England war zerrissen
zwischen zwei Konfessionen und verschiedene politische Parteien lagen miteinander im Streit. Auch außenpolitisch war
die Stellung des Königsreichs wenig gesichert. Persönlich war
die rothaarige Prinzessin eine Frau von stark ausgeprägter Ko-
ketterie und Eitelkeit, berühmt dafür, ihre Laune in Sekunden
zu ändern und zu fluchen wie ein Pferdeknecht.

In der Regierungszeit als Königin von England und Irland
von 1558 bis 1603, entstanden die Werke des William Shakes-
peare und es wurde die moderne Wissenschaft mit Francis Ba-
con begründet. Es erfolgte die Weltumsegelung von Francis
Drake. Die erste englische Kolonie wurde in dieser Zeit gegründet und zu ihren Ehren »Virginia« genannt.

Die Königin war der Musik und dem Theater sehr zuge-
tan und förderte auch Schauspielergruppen. Trotz des pu-
ritanischen Einflusses, dessen Anhänger Schauspiele als
Götzendienst verbieten lassen wollten, gab es seit 1583 ein
Volkstheater und die von ihr gegründete Schauspieltruppe

»Queen Elizabeth's Men«, welche auch in den Städten und auf dem Land auftrat.

Elisabeth war als Sonntagskind am 7. September 1533 in Greenwich zur Welt gekommen. Ihre Mutter Anne Boleyn, die zweite Frau des englischen Königs Heinrich VIII., wurde 1536 hingerichtet. Elisabeth und ihr Halbbruder Eduard VI. wurden für unehelich erklärt und erst im Jahr 1543 durch einen Parlamentsbeschluss in die Thronfolge aufgenommen. Elisabeths Kindheit war unerfreulich, ihre Erziehung streng. Als Kind äußerst lebhaft, aber ausgesprochen lernwillig, konnte sich Elisabeth in Französisch, Italienisch, Latein und selbst in Griechisch unterhalten. Mit elf Jahren lebte sie am Hofe ihrer geliebten Stiefmutter Catherine Parr. Ihr Vater, der sie vergötterte, starb am 28. Januar 1547. Ihr Halbbruder Edward bestieg den Thron, starb aber schon 1553 an der Schwindsucht. Ihm folgte ihre Halbschwester Maria Tudor, die 1558 verstarb. Nun gehörte Elisabeth der Thron. Das englische Volk war begeistert, da die Königin »rein englisch« war. »In ihr ist kein Tropfen spanischen oder fremden Bluts, sondern sie ist hier unter uns englisch geboren und uns daher von Natur aus zugehörig.«

Elisabeth versuchte den eingeführten Katholizismus zurückzudrängen. 1559 machte sie mittels der Uniformitätsakte den Gebrauch des »Book of Common Prayer« in den Gottesdiensten verpflichtend. Im gleichen Jahr erneuerte die Königin die Suprematsakte Heinrichs VIII. und unterstellte die Kirche Englands so abermals der Krone. Fortan war das englische Staatsoberhaupt zugleich »oberster Gouverneur der Kirche von England. 1563 wurden die 39 Anglikanischen Artikel verabschiedet, die gemäßigt reformatorisch formuliert waren. Damit trennte sich Elizabeth endgültig von der katholischen Kirche. Wegen dieser Entscheidung wurde Elisabeth von Papst Pius V. (1504–1572) am 25. Februar 1570 mit der päpstlichen Bulle »Regnans in Excelsis« exkommuniziert.

Als ihre Halbschwester Maria auf dem englischen Thron saß, sollte sie mit dem Herzog von Savoyen vermählt werden. Ihr Schwager Philipp II. war ebenfalls an einer Heirat mit ihr interessiert, ebenso der Herzog Adolf von Holstein, der schwedische Thronerbe Erik XIV., die habsburgischen Brüder Ferdinand und Karl, der russische Zar Iwan, der Schreckliche sowie die französischen Herzöge Henri von Anjou und Hercule-Franz von Alençon. Ihr Jugendfreund Robert Dudley und Liebhaber der »jungfräulichen Königin« spielte eine wichtige Rolle in ihrer Regierungszeit ebenso Günstlinge wie Sir Walter Raleigh oder der Earl of Essex. Der Berater der Königin hieß William Cecil, später Lord Burghley, den die Königin ihre »Seele« nannte.

Im Frühjahr 1568 flüchtete die schottische Königin Maria Stuart nach einem Aufstand in Schottland über die Grenze nach England und ersuchte dort Elisabeth um Unterstützung gegen die rebellierenden schottischen Adligen. Doch Elisabeth war sich der Gefahr, die Maria für sie darstellte bewusst. Da sie selbst keine Kinder hatte, könnte Maria Thronansprüche erheben. Somit fand Maria nicht den erhofften Schutz; es erwartete sie vielmehr eine 19jährige Gefangenschaft und schließlich die Verurteilung zum Tode. Man bezichtigte sie der Verschwörung gegen Elisabeth, was durch Briefe belegbar war. Eine Verschwörung im Mai 1586 führte in die Tragödie. Das katholisch-spanische Unternehmen unter Babington sah unter anderem eine Befreiung Marias und die Ermordung Elisabeths vor. Das Urteil in dem im Oktober 1586 stattgefundenen Prozess gegen Maria konnte nur auf Tod durch Enthauptung lauten.

Am 8. Februar 1587 stieg die 44jährige Königin in Fotheringhay Castle erhobenen Hauptes die Stufen zum Schafott empor. In England gab es Freudentänze, in Frankreich dagegen trug der neue König Heinrich III. Trauer. Für die Katholiken wurde Maria Stuart zur »Märtyrerkönigin«.

Königin Elisabeth erkrankte im Februar 1603 schwer. Sie war sehr schwach und litt an Schlaflosigkeit. Sie starb am 24. März 1603. Begraben wurde sie neben ihrer Halbschwester Maria in der Westminster Abbey. Die Übersetzung der lateinischen Inschrift auf ihren Grabsteinen lautet:

> Partner beide in Thron und Grab,
> hier ruhen wir die beiden Schwestern,
> Elisabeth und Maria,
> in der Hoffnung auf eine Auferstehung.

Auch Maria Stuarts Sarg wurde 1612 nach Westminster überführt. Ihr Sohn hatte als Jakob I. 1603 das Erbe der kinderlosen Königin Elisabeth angetreten.

Aus eigener Kraft insistierte Königin Elizabeth auf dem Recht, zu herrschen, und war damit die einzige Frau der Renaissance, die souveräne Macht ausübte.

Im Jahre 1601 fragte sie, bereits im fortgeschrittenen Alter, das Parlament in ihrer berühmten »Golden Speech«: »Soll ich irgend etwas mir selbst und der Schwachheit meines Geschlechts zuschreiben? Dann wäre ich nicht wert zu leben.«

SOFONISBA ANGUISSOLA

* 1535 in Cremona
† 1625 in Palermo

Malerin der Renaissance

»Ich habe von ihr mehr gelernt als durch das Studium der vortrefflichen Meister.«

(ANTON VAN DYCK)

Sofonisba Anguissola ist eine der ersten Malerinnen der Renaissance, die namentlich bekannt wurden. Sie war schon zu ihren Lebzeiten eine europäische Berühmtheit. Dies verdankte sie neben ihrem großen Talent ihrem Vater Amilcare, der seinen sechs Töchtern eine vorzügliche humanistische Erziehung angedeihen ließ.

Sofonisba erhielt ihren Namen nach einem Werk von G. Tressino, das man damals als die erste moderne Tragödie rühmte. Sophonisba war die legendäre Karthager Königin, die Boccaccio in seinem Werk »Über berühmte Frauen« als literarisch und musikalisch begabte Schönheit schildert. Sofonisba Anguissola wurde zusammen mit ihrer Schwester Elena von ihrem Vater zu dem Maler Bernardino Campi gebracht, wo sie drei Jahre studierte. 1774 gab Lamo in seinem »Discorso« eine merkwürdige Begründung dafür: Amilcare habe gehofft, »durch die Würde und Bedeutung seiner Töchter dem Beruf des Malers in dieser Stadt zu großer und hoher Wertschätzung zu verhelfen.« Der Maler Campi wurde dafür gelobt, dass er beim Korrigieren seiner Schülerinnen Grobheiten vermied, aber Schmeicheleien ebenso ablehnte. Die Gegenwart seiner Frau im Haushalt war zweifellos wichtig, und sie wurde von Sofonisba mit Respekt und Zuneigung erwähnt. Als Sofonisba und Elena in Campis Haus zogen, verlor die Hochrenaissance gerade ihre Bedeutung. Eine Woge des Manierismus schlug hoch, als die beiden Schwestern anfingen zu lernen, wie man Kopien in Öl auf Leinwand malt.

126

Eine Beeinflussung der Malerin Sofonisba durch Raffael und Parmigianino lässt sich feststellen.

Der nächste ihrer Lehrer war Bernardio Gatti. Ihr Vater bat zusätzlich den großen Michelangelo um Zeichnungen, die seine sechs malenden Töchter kolorieren sollten. Jahre später dankte Amilcare Anguissola Michelangelo: »… dass ein so überaus hervorragender Edelmann, über alle anderen erhaben, sich tatsächlich herablässt, die Malerei meiner Tochter Sofonisba zu loben und zu beurteilen.«

An der Karriere der Tochter Sofonisba lag Anguissola sehr viel. Er reiste mit ihr an die Höfe von Mantua, Ferrara, Parma und Piacenza und wurde überall herzlich aufgenommen, denn das Töchterlein war nicht nur als Malerin geschätzt.

Sofonisba, das Wunderkind, zeichnete bemerkenswert gut, wie man noch an ihrer vollendeten anekdotischen Zeichnung ihres Bruders Asdrubale sehen kann, als er von einer Garnele gebissen wurde. Das Bild war schon zu ihren Lebzeiten berühmt. Der große Giorgio Vasari beschrieb voll Begeisterung dasjenige ihrer Bilder, auf dem zwei ihrer Schwestern Schach spielen.

Im Jahr 1559 ließ man Sofonisba an den Hof des Vizekönigs in Mailand rufen, von wo man sie mit großem Pomp, feierlich und mit ansehnlichem Gefolge nach Madrid an den königlichen Hof geleitete. Mit gerade 24 Jahren hatte König Philipp II. von Spanien sie als Hofdame und Zeichenlehrerin für seine vierzehnjährige Braut Isabella von Valois bestimmt. Das erste Porträt der Isabella gefiel sehr, und selbst Rubens kopierte es. Ihrem ehemaligen Lehrer Campi berichtete sie über ihr Leben am Hof: »Im Augenblick male ich ein Porträt ihrer königlichen Hoheit, der Schwester des Königs, für den Papst. Vor ein paar Tagen schickte ich ihm das Porträt unserer königlichen Hoheit, der Königin. … Die Königin nimmt einen großen Teil meiner Zeit in Anspruch und duldet nicht, dass ich male, da sie so lange auf meine Dienste verzichten müsste.« Höchstes Lob brachte der Malerin das 1565 entstandene Staatsporträt Philipps II. ein. Schließlich porträtierte sie sämtliche Mitglieder der Königsfamilie.

Durch den tragischen Tod Isabellas – sie starb während der dritten Schwangerschaft – verlor Sofonisba 1568 eine, ihr freundschaftlich zugetane, Herrin. Auch von des Königs neuer

Gemahlin, Erzherzogin Anna von Österreich, geschätzt, blieb sie bis 1580 am Hof in Madrid. Ihre Arbeit bestand größtenteils aus Porträtmalerei und dem Kopieren ihrer eigenen Werke. Manchmal hielt sie auch minutiös große Staatsakte fest.

Das Leben für eine ledige Ausländerin am spanischen Hof war sicher nicht immer leicht, wenngleich über sie berichtet wurde, dass sie sich untadelig und zurückhaltend verhielt. Der König belohnte sie mit einer großzügigen Pension und stattete sie mit einer schönen Mitgift aus. Er erbot sich sogar, der etwa 45 Jahre alten Künstlerin, einen geeigneten Ehemann zu suchen. Als unverheiratete Frau war sie bisher Mündel des Königs gewesen. Doch Sofonisba bat ihren Gönner, den sehr wohlhabenden sizilianischen Adligen Fabrizio di Moncada, heiraten zu dürfen, und folgte ihm nach Palermo. Als dieser nach nur fünfjähriger Ehe bei Capri von Piraten umgebracht wurde, entschloss sich Sofonisba zu einer zweiten Ehe, diesmal mit dem Adligen Orazio Lomellino, dem Kapitän des Schiffes, das sie nach Genua gebracht hatte, wo die beiden schließlich auch lebten. Ihr Atelier wurde zum Treffpunkt von Künstlerinnen und Künstlern. Selbst der bedeutende Maler des flämischen Barocks, Peter Paul Rubens war ihr Gast. Er kannte ihr Werk bestens, da er im Auftrag des Herzogs von Mantua in Spanien schon mehrere ihrer Bilder kopiert hatte.

Im Jahr 1624 besuchte Anton van Dyck (1599–1641), einer der größten flämischen Maler des 17. Jahrhunderts, die hochbetagte, fast blinde berühmte Kollegin. Er machte eine Federzeichnung von ihr, die sich in seinem »Italienischen Skizzenbuch« findet. Sofonisba gab ihm Ratschläge und wies ihn darauf hin, dass bei einem bestimmten Lichteinfall die Falten in ihrem Gesicht nicht ganz so scharfe Schatten werfen würden.

Als sie 1625 starb, ließ ihr Mann auf ihren Grabstein folgende Inschrift meißeln: »Seiner Gattin Sofonisba, aus dem Geschlecht der Anguissola, die durch ihre Vornehmheit, ihre Schönheit und ihre außerordentlichen natürlichen Gaben zu den berühmten Frauen der Welt gehört und im Darstellen des menschlichen Gesichts so vorzüglich war, dass niemand zu ihrer Zeit gleich geschätzt wurde, widmet Joratius Lomelinus, von größtem Schmerz ergriffen, diese letzte Ehrung, die – obgleich klein für eine solche Frau – groß für Sterbliche ist.«

Es sind etwa 50 Gemälde der Malerin erhalten. Eines ihrer zahlreichen Selbstporträts beeindruckte besonders. Sofonisba Anguissolas Vater erhielt folgende Anfrage dazu: »Ich möchte nichts lieber als das Bild der Künstlerin selbst, so dass ich in einem einzigen Werk zwei Wunder sehen lassen kann, zum einen das Werk und zum anderen die Künstlerin.«

KATHARINA KEPLER

* 1547 in Eltingen
† 1622 in Leonberg

Als Hexe angeklagt

> *»Sie hab sich sovihl erweint, da sie jetztmahls nit mehr*
> *weinen könde.«*
>
> (ZEITGENÖSSISCHE AUSSAGE ZU KATHARINA KEPLER)

Um die Mitte des 16. Jahrhunderts begannen in Deutschland die Hexenverfolgungen. Gemäß dem »Hexenhammer« – einem 1486 veröffentlichten Lehrbuch zu allen Fragen der Hexenlehre – bestand der beste Beweis in einem Geständnis, denn »das allgemeine Recht verlangt, dass keine Hexe zum Tod verurteilt werden sollte, sie sei denn durch eigenes Geständnis überführt.« Alle Hexen waren angeblich mit dem Teufel im Bund und hatten mit ihm und anderen unheimlichen Kreaturen sexuelle Beziehungen. Sie konnten angeblich zaubern, sogar fliegen und nahmen am Hexensabbat teil. Hexen waren »...die bloßen Teufelshuren, die da Milch stelen, Wetter machen, auff Bock und Besen reytten, die ehlich Gliedmaßen bezaubern... Mit Hexen und Zauberinnen soll man kein Barmherzigkeit haben.«

Die Inquisitoren des 16. Jahrhundert, die über Gotteslästerungen von Frauen schrieben, schilderten Orgien des Hexensabbats mit Kannibalismus an Neugeborenen, unersättlicher Fresslust, Trunkenheit und unzüchtigen Tänzen. In den Verdacht der Hexerei kam man schnell. Der Frauenanteil bei den der Hexerei Angeklagten lag etwa, je nach Region, bei 75 bis 90 Prozent Frauen, davon entfiel über die Hälfte auf Witwen.

Katharina Kepler, Mutter des Mathematikers und Astronomen Johannes Kepler (1571–1630), war zwar nicht verwitwet, sondern von ihrem Mann längst verlassen worden, als man sie der Hexerei anklagte. Sie wurde am 8. November 1547 als Tochter von Magdalene und Melchior Guldenmann in Eltingen geboren; ihr Vater war Gastwirt. Mit 24 Jahren wurde sie mit Heinrich Kepler, der aus einer angesehenen und wohlhabenden Familie stammte, verheiratet. Das junge Paar zog zu den Schwiegereltern nach Weil der Stadt, wo im Dezember 1571 ihr Sohn Johannes geboren wurde, gefolgt von den Söhnen Heinrich und Christoph. Die einzige Tochter Grete heiratete einen Pfarrer. Doch das Zusammenleben der beiden Generationen in einem Haus war sehr schwierig. Katharina brachte ihre ersten beiden Kinder zu den Eltern nach Eltingen und folgte ihrem Mann, der um 1574 als Soldat der spanischen Armee in den aufständischen Niederlanden kämpfte.

Ab 1575 lebte das Ehepaar Kepler in Leonberg. Katharinas Ehemann zeigte sich als unsteter Familienvater sowie als streit-süchtiger Gasthofpächter in Ellmendingen, der immer wieder das Soldatenleben dem ehrlichen Erwerbsleben vorzog. Nach fast zwanzigjähriger Ehe tauchte Heinrich Kepler endgültig unter. Schuld an der häuslichen Misere war aber nach Ansicht der Richter beim späteren Prozess nicht etwa der Ehemann, sondern die Ehefrau Katharina, denn bei einem »ordentlichen, ehrlichen Weib« würde ein Mann gerne bleiben. Der verlas-senen Ehefrau gelang es, die schlechte Finanzlage in den Griff zu bekommen und den Kindern eine ordentliche Ausbildung zu ermöglichen und ihrem Sohn Johannes sogar den Besuch der Lateinschule in Leonberg zu finanzieren, damit er Pfarrer werden könne.

Als es 1614 zwischen Katharinas Sohn Christoph und Ur-sula Reinbold, der Frau des Glasers Jakob Reinbold, in einer geschäftlichen Angelegenheit zu Streit kam, stellte sich die Mutter auf die Seite des Sohnes. Ursula Reinbold behauptete daraufhin, dass die Keplerin ihr einen Trank angeboten habe, der ihr ständigen Kopfschmerz verursache und ihr außerdem ein Unterleibsleiden angehext habe. Es traf Katharina schwer, als ihr Sohn Heinrich, den sie mit seiner Familie bei sich aufge-nommen hatte, herumerzählte, sie lasse ihn verhungern. Noch schlimmer war allerdings, dass er laut vernehmlich schrie: »Soll's der Teufel fressen, das Fleisch, soll's der Teufel fressen, das stinkige Hexenfleisch, auf dem sie mit ihm geritten ist.« Er klagte somit seine Mutter an, dass sie »khein rechte fraw«, sondern eine Hexe wäre. Von da an erreichten die Anschul-digungen gegen die der Hexerei verdächtige Frau einen un-glaublichen Umfang.

So wurde im Oktober 1616 ein Haftbefehl ausgestellt und

der Vogt angewiesen, gegen Katharina Kepler den Hexenprozess zu eröffnen. Es folgten Zeugenvernehmungen, Eingaben und Bittschriften an den Herzog von Württemberg, dem im Januar 1620 das Protokoll der Zeugenvernehmungen von Leonberg zugestellt wurde. Da man Angst hatte, dass Katharina zu ihrem Sohn Johannes nach Linz fliehen würde, wurde sie am 7. August 1620 frühmorgens bei ihrer Tochter Margarete im Pfarrhaus von Heumaden verhaftet.

Bei den Verhandlungen, in denen 14 Belastungszeugen aufgeboten wurden, stand Katharina Rede und Antwort. Doch es war offensichtlich, dass die Ankläger die vorgebrachten Beschuldigungen so erhärten wollten, dass die Folter angewendet werden konnte. Beim Foltern mussten Fragen nach dem Teufel beantwortet werden, wie er aussah, was für Versprechungen er mache, wie der Geschlechtsverkehr mit ihm verliefe und welche Macht seine Zauberformeln und Höllentränke hätten. Das Foltern von Frauen kannte verschiedene Stufen der Tortur. Sie wurden entkleidet, bekamen die Haare abgeschnitten beziehungsweise am ganzen Körper abgesengt, »damit kein Zaubermittel« verborgen bleibe. Die Prozedur wurde vom Henker vorgenommen. Die Demütigungen gingen weiter mit der Daumenschraube, gefolgt von der Zersplitterung der Knochen des Schienbeins. Eine andere Möglichkeit des Erpressens von Geständnissen war die »Wasserprobe«. Der vermeintlichen Hexe wurden die Hände an ihre Beine gebunden, woraufhin man sie in einen Fluss warf. Wenn sie ertrank, war sie unschuldig, wenn sie obenauf schwamm, stand sie mit dem Teufel im Bund. Die Frau wurde herausgefischt und zum Tod auf dem Scheiterhaufen verurteilt. Eine genaue Zahl der geschundenen Opfer gibt es nicht.

Längst hatte sich Katharina Keplers Sohn Johannes in den Prozess eingeschaltet und auf einem Rechtsgutachten der juristischen Fakultät in Tübingen bestanden. Man hielt seine Mutter zwar auch dort für eine Hexe, wollte sie aber aufgrund der unzureichenden Indizien nicht zum Tod verurteilen lassen. Man entschloss sich, der 74–jährigen Frau ein fingiertes Folterurteil vorzulesen und sie in die Folterkammer zu führen. Wenn sie beim Anblick der schrecklichen Instrumente immer noch nicht geständig wäre, solle ihre Unschuld angenommen werden. Katharina Kepler blieb standhaft. Sie wollte eher sterben als die Unwahrheit sagen. Und so gelang es tatsächlich, die Mutter eines berühmten Mannes nach knapp eineinhalbjährigem Gefängnisaufenthalt freizubekommen.

Nur noch ein halbes Jahr war ihr in Freiheit zu leben vergönnt. Sie starb am 13. April 1622. Die schlimmen Haftbedingungen, angekettet in einem feuchten Raum des Güglinger Stadttors und von zwei Wärtern bewacht, hatten sicher das Ihrige dazu beigetragen.

MARIE-LOUISE BOURGEOIS

* 1563 in Paris
† 1636 in Paris

Französische Hebamme

> *»Der katholische Glaube hat keinen gefährlicheren Feind*
> *als die Hebammen.«*
>
> (DER HEXENHAMMER – LEHRBUCH FÜR INQUISITOREN VON 1648)

Im 15. Jahrhundert führten immer mehr Städte Hebammenordnungen ein. Darin wurden die Ausbildung der Hebammen, die Examen und der vor dem Stadtarzt zu leistende Eid beschrieben. Die neuen Bestimmungen waren für die Hebammen von großer Wichtigkeit, da sie immer stärker in den Verruf von Hexen und Zauberinnen gekommen waren. Sie fielen bei den Hexenverfolgungen dem allgemeinen Vernichtungsrausch zum Opfer. Im Handbuch der Hexentheorie »Der Hexenhammer« galten Hebammen als der gefährlichste Feind des katholischen Glaubens. Man vermutete, dass die Hebammen nicht nur bei der Entbindung halfen, sondern auch Abtreibungen vornahmen und die Frauen bei der Empfängnisverhütung berieten. Das Interesse des neu entstehenden Ärztestandes ging ebenfalls dahin, die weiblichen Heilkundigen in den Bereich der Scharlatane abzudrängen.

Im 17. Jahrhundert traten drei mutige Hebammen hervor, die sich in Buchform zur Geburtsheilkunde äußerten. In England veröffentliche 1671 die Hebamme Jane Sharp ein grundlegendes Buch über die Geburtshilfe. In Deutschland publizierte 1690 Justine Dittrich Siegemundin von Brandenburg, die »Churfürstlich-Brandenburgische Hoff-Wehemutter«, ihr, mit vierzig Bildtafeln illustriertes Werk, das sich besonders mit Steißgeburten beschäftigte. Als die mutigste Hebamme darf dabei aber die Französin Marie-Louise Bourgeois gelten, die schon 1609 ein viel beachtetes, unentbehrliches, ja sogar bahnbrechendes Hebammenbuch herausgab: »Observations diverses sur la stérilité, perte de fruit, fécondité, accouchements et maladies des femmes et enfants nouveaux naiz«

(»Verschiedene Beobachtungen über Unfruchtbarkeit, Fehlgeburt, Fruchtbarkeit, Niederkunft und Krankheiten von Frauen und Neugeborenen«).

Marie-Louise Bourgeois stellte dank ihrer Anatomiekenntnisse, die sie von den Wundärzten hatte, ihrer praktischen Ausbildung und ihrer Erfahrung, die sie durch die Beaufsichtigung von fast zweitausend Geburten erworben hatte, in ihren fünfzig Kapitel umfassenden Erläuterungen und Beobachtungen das Beste zusammen, was das 17. Jahrhundert den gebärenden Frauen anbieten konnte. Sie beschrieb Symptome der Schwangerschaft, gab Beispiele und erklärte Ursachen von Fehl- und Frühgeburten. Wie Geburtshelferinnen des 20. Jahrhunderts empfahl sie Ruhe, um Blutungen zu vermeiden, und leitete die Wehen ein, wenn sich die Plazenta vorzeitig von der Gebärmutterwand gelöst hatte. Sie gab Anweisungen, wie und wann während der Entbindung eingewirkt werden musste, und erläuterte zwölf mögliche Positionen des Kindes. Auch zur Pflege der Mutter nach der Geburt und zur Wahl einer Amme machte sie Vorschläge. Bourgeois verstand ihr Buch als Hilfe für die Hebammen, besonders für jene, die an anatomischen Sektionen teilnehmen konnten. Sorgfältig vermied sie es, anderen medizinischen Tätigkeiten der Geburtshelferinnen das Wort zu reden.

Das Hebammenbuch der Französin erschien 1626 in deutscher Übersetzung, illustriert mit Kupferstichen und gedruckt von Matthäus Merian dem Älteren, dem Vater von Maria Sibylla Merian, in Frankfurt am Main. Darauf folgte eine Übersetzung ins Holländische. Der Vorläufer zum Buch der Marie-Louise Bourgeois war das Hebammenbuch, das von der ersten Ärztin, Trotula von Salerno, im 12. Jahrhundert verfasst wurde – das geburtshilfliche, 83 Kapitel umfassende Lehrbuch »De passionibus mulierum« (Von den Leiden der Frauen) mit den gesunden Empfehlungen der erfahrenen Praktikerin.

Als ihr nach jahrzehntelanger Tätigkeit eine junge Mutter an dem damals noch nicht erkannten Kindbettfieber starb, sahen ihre Arztkollegen endlich eine Gelegenheit, Marie-Louise Bourgeois anzugreifen. Zu dieser Zeit war sie allerdings schon in einer Position, in der sie in mehreren Schriften alle Unterstellungen energisch zurückweisen konnte. Sie besaß Schreiben vieler Ärzte Europas, die ihr bestätigten, dass sie großen

Nutzen aus ihren Büchern zogen. Doch mit diesen auf jahrzehntelanger Berufserfahrung basierenden Abhandlungen gaben die Hebammen zugleich viel preis. Es entstanden Bücher von Ärzten, die nie bei einer Geburt dabei waren, sich in der Geburtshilfe jedoch groß aufspielten und die »unwissenden Hebammen« aufklären wollten.

Den Wunsch, Hebamme zu werden, hatte Marie-Louise als Tochter aus einem vornehmen Pariser Haus ursprünglich sicher nicht. Im Alter von 20 Jahren wurde sie die Ehefrau des königlichen Armeechirurgen Martin Boursier, einem Schüler des berühmten Wundarztes Ambroise Paré am Pariser Armenkrankenhaus Hôtel Dieu, der 1551 und 1573 zwei Abhandlungen über die Geburtshilfe verfasst hatte. Vier Jahre später war sie schon Witwe mit drei Kleinkindern, die sich mühsam mit dem Verkauf von Stickereiwaren über Wasser zu halten versuchte. Schließlich beschloss sie, wohl unter dem Einfluss von Paré, sich zur Hebamme ausbilden zu lassen. Ihre Berufspraxis holte sie sich in den Armenvierteln von Paris und betreute schließlich die Gebärdenden des Großbürgertums. Bereits 1609 hatte sie in ihrem Hebammenbuch 2000 von ihr geleitete Entbindungen vermerkt.

Schließlich galt Marie-Louise Bourgeois als eine derartige Kapazität, dass Maria von Medici sie an ihren Hof holte. Sie entband die Königin von sieben Kindern. Für einen Prinzen bekam die Hebamme eine Prämie von 1000 Dukaten, für eine Prinzessin lediglich 600. Anlässlich der Geburt des Thronfolgers Ludwig, des späteren Ludwig XIII., wurde ein Kupferstich angefertigt, auf dem nicht die Königin, sondern die Hebamme Bourgeois den zentralen Platz einnimmt. Sie zeigt das neugeborene Kind seinem Vater König Heinrich IV. und weiteren Vertretern des Hofes. Insgesamt waren nicht weniger als vierzehn Personen im Geburtszimmer anwesend. Die Hebamme war längst eine mit besonderen Ehren ausgestattete Vertraute der Königin geworden.

Bourgeois sprach sich gegen Veränderungen in der Geburtspraxis aus, die vor allem in den wohlhabenden und privilegierten Schichten auftraten, nämlich die Beziehung von »männlichen Hebammen«, wie man im 17. Jahrhundert sagte. Bourgeois schrieb von ihren Fehldiagnosen, ihrer Ungeduld und dem Schaden, den sie Frauen zufügten, besonders von Seiten der Wundärzte, die dazukamen, wenn die Wehen schwierig wurden.

Marie-Louise Bourgeois verfasste auch ihre Lebenserinnerungen: »Récit véritable de la naissance des Enfants de France« (Wahre Erzählungen über die Geburt der Kinder Frankreichs). Nach dem Urteil eines Berufenen gebühre Louise Bourgeois »ein Ehrenplatz selbst unter den verdienstvollsten Männern, deren Namen die Geschichte für alle Zeiten aufbewahrt.«

Maria von Medici

* 1573 in Florenz
† 1642 in Köln

Königin von Frankreich

Maria von Medici wurde 1573 als jüngstes von sieben Kindern des Großherzogs Franz I. von Toskana und der Johanna von Österreich, Königin von Ungarn und Böhmen und Tochter Kaiser Ferdinands I., in Florenz geboren. Obgleich Maria von Medici eine der reichsten Erbinnen Europas war, scheiterten diverse Versuche, sie zu verheiraten. Erst am 30. April 1600 gab ihr Onkel Ferdinand I., der Nachfolger ihres inzwischen verstorbenen Vaters, die Verlobung Marias mit dem fast 20 Jahre älteren französischen König Heinrich IV. bekannt. Die Ehe wurde am 5. Oktober des gleichen Jahres in Florenz geschlossen. Allerdings war Heinrich nicht persönlich bei der Zeremonie zugegen, sondern ließ sich durch Ferdinand I. vertreten. Somit fand eine Prokurativtrauung statt, wie sie bei Fürstenheiraten nicht ungewöhnlich war. Diese Hochzeit war das Resultat staatspolitischer Überlegungen. Der französische König benötigte die Mitgift der reichen Florentinerin, um seine Schulden bezahlen zu können. Persönlich traf Maria ihren Ehemann erst rund zwei Monate nach der Trauung am 9. Dezember 1600 in Lyon.

Immerhin brachte Maria am 27. September 1601, knapp zehn Monate nach der ersten Begegnung mit Heinrich, im Schloss Fontainebleau den lang ersehnten Thronfolger zur Welt, den späteren Ludwig XIII. Im Königshaus fand die Niederkunft der Königin in einem dafür bestimmten Raum mit grünen Wänden statt. Sie gebar auf einem Gebärstuhl, der mit rotem Samt bezogen war, im Beisein der Prinzen von Geblüt und des Königs. Zwei Nonnen wurden beauftragt, für sie zu beten, und es wurden spezielle Reliquien der königlichen Familie gebracht – wie etwa der Gürtel der Jungfrau Maria -, um ihr schützende Kraft zu verleihen. Nach der erfolgreichen Niederkunft begab sich Königin Maria ins Prunkbett, um die Glückwünsche der Höflinge entgegenzunehmen.

Fünf weitere Kinder sollten folgen: Isabella (1603–1644), verheiratet mit Philipp IV. König von Spanien, Christine Marie (1606–1663), verheiratet mit Herzog Vittorio Amadeo I. von Savoyen, Nicolas Henri (1607–1611), Gaston (1608–1660) und schließlich Henriette Marie (1609–1669), verheiratet mit Karl I. König von England.

Die Ehe zwischen Maria von Medici und Heinrich IV. war nicht glücklich, da Heinrich ständig Geliebte hatte. Außerdem lebte die gebildete Margarete von Valois, die geschiedene erste Frau des Königs, noch bis 1615. Ihre ärgste Widersacherin allerdings war seine Mätresse Catherine Henriette de Balzac d'Entragues, die Maria öffentlich demütigte, indem sie ihren schweren Gang nachahmte und sie »dickes Bankierweib« nannte, ohne dass der König einschritt. Auch dass dieser seine zahlreichen unehelichen Kinder gemeinsam mit den ehelichen erziehen ließ, trug nicht zur familiären Harmonie bei.

Im Jahr 1602 gründete die französische Königin in Paris die Charité als Krankenhaus und Pflegeanstalt für Bedürftige. Bis dahin stand eine öffentliche Krankenfürsorge nur wohlhabenden Menschen zur Verfügung. Die Hospitäler verlangten von ihren Insassen die Zahlung von regelmäßigen Pfründen.

Bald nach ihrem Machtantritt begann Maria von Medici mit Umbauarbeiten am Louvre und kaufte das Hôtel du Luxembourg, um es von dem Architekten Salomon de Brosse als repräsentativen Witwensitz mit dem angeschlossenen Park ausbauen zu lassen. 1622 gab sie bei Rubens einen »Maria-von-Medici-und-Heinrich-IV.-Zyklus« in Auftrag und bei ihrem Bildhauer Guillaume Berthelot acht Statuen berühmter Frauen für die Portalkuppel des Palastes. 1625 war der Medici-Zyklus fertig gestellt und wurde im Westflügel des Palais du Luxembourg aufgehängt. Die 21 Bilder sind heute im Louvre zu bewundern.

Schon zu Lebzeiten setzte sich die Florentinerin ein Denkmal, als sie ihrem Freund Concini befahl, durch den Wald vor Paris eine schnurgerade, kilometerlange Straße schlagen zu lassen – die Champs-Elysées, Sinnbild ruhmvoller französischer Geschichte und noch heute eine der schönsten Straßen der Welt.

Am 13. Mai 1610 wurde Maria in der Basilika Saint-Denis

zur Königin gekrönt. Es war die erste Krönung einer Frau seit vierzig Jahren. Am nächsten Tag fiel Heinrich IV. nach vorausgegangenen 17 Attentaten dem katholischen Fanatiker François Ravaillac mit dem Dolch zum Opfer. Somit übernahm Maria von Medici die Regentschaft für den unmündigen Ludwig, obwohl sie von Politik bis dahin nichts wissen wollte.

Schon 1611 ließ sie als Defensivbündnis einen Heiratsvertrag mit Spanien aushandeln. Es wurde eine Doppelhochzeit vereinbart: Anna von Österreich (1601–1666) sollte mit Ludwig XIII. von Frankreich verheiratet werden und seine Schwester Elisabeth (1602–1644) mit dem spanischen Thronfolger Philippe IV. – eine kluge Heiratspolitik. Eine ihrer bedeutendsten politischen Aktionen jedoch war die Förderung des jungen Herzogs Armand Jean du Plessis, später bekannt als Kardinal Richelieu, den sie 1616 an den Hof holte.

Im Jahr 1617, damals 16 Jahre alt, übernahm Ludwig XIII. die Macht. Er befreite sich mit Unterstützung seines Favoriten Charles d'Albert, Herzog von Luynes, nicht nur von der Bevormundung seiner Mutter, sondern auch von deren Berater Concino Concini. Er ließ Concini ermorden, dessen Frau Leonora Galigaï, eine enge Vertraute und Jugendfreundin der Maria von Medici, wurde der Hexerei angeklagt und hingerichtet.

Maria von Medici wurde von ihrem Sohn ins Exil nach Blois verbannt. Knapp zwei Jahre später gelang ihr mit Hilfe des Herzogs von Epernon in der Nacht vom 21. auf den 22. Februar 1619 die Flucht nach Angoulême. Maria von Medici versöhnte sich mit ihrem Sohn, kehrte an den Hof zurück und wurde 1621 sogar wieder in den königlichen Beraterstab aufgenommen. Als Richelieu begann, ihre Spanienpolitik zu revidieren, versuchte sie im November 1630 in direkter Konfrontation, ihn zu entmachten. Vor die Wahl zwischen Mutter und Minister gestellt, entschied sich Ludwig XIII. am 11. November 1630 für Richelieu und stellte seine Mutter in Compiègne unter Hausarrest. Im Juli 1631 flüchtete sie in die spanischen Niederlande nach Brüssel. Nach einer Odyssee durch die Niederlande, die Schweiz und England, fand sie schließlich in Köln eine bescheidene Bleibe bei ihrem Freund, dem Maler Peter Paul Rubens in der Sternengasse. Dort verstarb sie 1642.

Das Herz der Königin Maria von Medici wird im Kölner Dom hinter dem Dreikönigsschrein aufbewahrt, ihre Gebeine

wurden nach Paris überführt und in die Grablege der französischen Könige in der Basilika Saint-Denis beigesetzt. Da Maria von Medici im Exil gestorben war, wurden im September
1642 im Auftrag des Großherzogs Ferdinand II. zu Ehren der
toten Königin in Florenz prunkvolle Begräbnisfeierlichkeiten
inszeniert. Die Dekorationen dazu entwarf Paolo Parigi. Neben den Darstellungen der Tugenden, die als einer Königin
angemessen galten, waren vier riesige Bildnisse französischer
Königinnen zu sehen: Clothilde, Hildegarde, Blanche und Katharina von Medici. Die Medici in Florenz glorifizierten die
Königin als Symbol ihrer Macht.

MARY WARD

* 1585 in Mulwith (England)
† 1645 in Hewarth (England)

Ordensstifterin der »Englischen Fräulein«

»Geschöpfe Gottes sind wir genauso gut wie die Männer.«

(MARY WARD)

Die Engländerin Mary Ward gilt als die Vorkämpferin der Mädchenbildung. Damals herrschte die Überzeugung vor, dass Frauen keine Funktion, keine Zukunft und keine Hoffnung außerhalb der Ehe hatten. Auch ökonomisch lohnte es sich angeblich nicht, Mädchen auszubilden, da sie sich nie einen Lebensunterhalt durch ihren Verstand verdienen konnten. Bildung bedeutete auch, dass Mädchen »die Haushaltsführung und einen Ehemann, der weniger klug als sie selbst ist, verachten.«

Mary war die älteste Tochter von Marmaduke Ward und Ursula Wright, und mit den meisten der großen katholischen Familien von Yorkshire blutsverwandt. Ihr Vater wollte seine außergewöhnlich schöne Tochter gut verheiraten. Aber sie lehnte eine Eheschließung mit Edward Neville, der großen Hoffnung der katholischen Partei, ab.

Mit 21 Jahren reiste sie 1606 gegen den Willen ihres Vaters nach St. Omer in Flandern, trat in den Orden der Klarissen ein. Drei Jahre später gründete sie aus eigenen Mitteln ein Institut, eine religiöse Gemeinschaft. Zwei Jahre später war die Zahl ihrer Mitarbeiterinnen bereits auf 50 angewachsen. 1611 zeigte Gott Mary Ward die Form und den Aufbau ihrer Schwesterngemeinschaft, als eine innere Stimme zu ihr sagte: »Nimm die Regeln der Gesellschaft Jesu!« Das »Institut der Englischen Fräulein« sollte also dem Jesuiten-Orden entsprechen und die Regeln des heiligen Ignatius von Loyola übernehmen.

In der Folgezeit war Mary, trotz körperlicher Schwächen, Krankheit und den Wirren des 30-jährigen Krieges, unermüdlich unterwegs, um Niederlassungen zu gründen. Bis 1621 entstanden zwölf Institutshäuser in St. Omer, London, Lüttich (2), Köln, Trier, Rom, Neapel, Perugia, München, Wien und Pressburg.

Es wurde ein Orden, der keine Klausur kannte, sich nicht auf ein bestimmtes Ordenskleid festlegte, ein Gemeinschaftsleben in christlicher Freiheit und Verantwortung führte, aber vor allem das unbeschränkte Recht beanspruchte, Mädchen zu unterrichten und zu erziehen. Weitere Klostergründungen schlossen sich an. Doch geschah dies alles ohne Erlaubnis aus Rom.

Die Ordensgemeinschaft der »Englischen Fräulein« hieß ursprünglich »Ordensgemeinschaft der Jesuitinnen«. Die Ordensstifterin hatte tatsächlich als Ordensregel die Konstitutionen des Ignatius von Loyola gewählt. Allerdings wollte sie auf keinen Fall nur einen weiblichen Zweig des Jesuitenordens gründen. Wie die Gesellschaft Jesu wollte sie allerdings keine Autorität über sich wissen ausgenommen den Papst, denn sie bestand darauf, dass »es keinen Unterschied zwischen Männern und Frauen gibt, der so geartet wäre, dass Frauen nicht große Dinge vollbringen könnten; … denn was soll man von der Redensart ‚nur Frauen' halten? Als ob wir in allen Dingen irgendeinem anderen Geschöpf, das zufällig ein Mann ist, unterlegen waren!« William Harrison, der Erzpriester Englands, meinte in einer Stellungnahme zu Wards Kongregation, das Geschlecht der Frauen »hat kein Rückgrat, ist wankelmütig und dem Irrtum verfallen, es strebt stets nach neumodischen Änderungen und ist tausenderlei Gefahren ausgesetzt.«

Von den neuen Ordensschwestern sagte ein mit ihnen befreundeter Jesuitenpater: »Sind voll Eifer, diese Damen! Doch der Eifer wird eines Tages erlahmen! Sind ja nur Frauen.« Marys Antwort darauf: »Vielleicht hat er Recht. Vielleicht erkaltet eines Tages unser Eifer, aber dann nicht deswegen, weil wir Frauen sind, sondern nur unvollkommene Frauen, so wie es auch unvollkommene Männer gibt! Pater, zu sagen ‚Sind ja nur Frauen!' Geschöpfe Gottes sind wir genauso gut wie die Männer. Zwischen ihnen und uns unterscheidet Gott nicht.«

1621 reiste Mary Ward zum ersten Mal nach Rom. Papst Gregor XV. fand anerkennende Worte für ihre Idee. Sein Nachfolger Papst Urban VIII., dem sie 1624 in Frascati ihr Anliegen vortrug, verwies sie an die Kommission der Kardinäle, die 1625 beschlossen, die Häuser der „Englischen Fräulein" in Rom, Neapel und Perugia zu schließen.

Aus Rom brachte Mary Ward 1626 ein Empfehlungsschreiben für den bayerischen Kurfürsten Maximilian I. und seine Gemahlin Elisabeth Renata mit. Dieser bat Mary Ward, in München zu bleiben und im so genannten Paradeiser-Haus bei der Liebfrauenkirche eine Schule zu errichten. Er empfahl Mary Ward auch Kaiser Ferdinand II. Aber sie wurde nicht nur anerkannt und bewundert, sondern erfuhr auch mehr und mehr Widerstand, vor allem von kirchlicher Seite. Die Neuerungen, die sie in ihrer Schwesterngemeinschaft durchzusetzen versuchte, wurden als äußerst gefährlich angesehen, denn sie überschritt die »fraulichen Grenzen«.

Am 13. Januar 1631 erließ Papst Urban VIII. seine Bulle »Pastoralis Romani Pontificis«: die »Jesuitinnen« hätten »Werke verrichtet, die keineswegs der Schwäche ihres Geschlechts, der weiblichen Bescheidenheit und jungfräulichen Reinheit zu Gesicht stehen.« Diese Bulle besiegelte Mary Wards Schicksal. Sie wurde verhaftet und ins Klarissenkloster am Anger in München gebracht. Sie kam jedoch wieder frei und entschloss sich zu einer dritten Romreise. Der Papst empfing sie als seine »verlorene Tochter«. Sie erhielt für die gute Führung des Ordens zwar eine Belobigung, um die päpstliche Anerkennung ihres Stiftungswerkes kämpfte sie allerdings zeitlebens vergebens.

Obwohl Papst Urban VIII. Mary Ward eine »Frau von großer Klugheit, von außerordentlichem Mut und hoher Begabung« nannte, galt sie für die Katholiken als große Sünderin, Schismatikerin, ja sogar als eine Aufrührerin gegen den Heiligen Stuhl. Als Ketzerin wurde sie neun Wochen inhaftiert. Sie wurde in einer winzigen Zelle eingekerkert, aus der kurz zuvor der verwesende Leichnam einer toten Schwester entfernt worden war. Fast wäre Mary Ward an den Folgen dieses Gefängnisaufenthalts gestorben.

1639 reiste sie mit einem Empfehlungsschreiben von Papst Urban an Königin Henrietta Maria nach England zurück und blieb in London, wo noch immer Verfolgung und Bürgerkrieg herrschten. Sie stärkte und tröstete alle, die zu ihr kamen »... mit einem so menschlichen Herzen, dass jeder angeregt wurde, auch so zu tun.«

Drei Jahre später zog sie nach Heworth um, in der Nähe

von York. Auch dort bemühte sie sich unablässig, Menschen für den katholischen Glauben zurückzugewinnen. Sie starb dort 1645. An ihrem Sterbetag ermunterte sie ihre Gefährtinnen und sagte zu ihnen: »Fort, fort mit der Traurigkeit! Lasst uns vielmehr fröhlich singen und Gott wegen seiner unendlichen Güte loben. Ich wollte, es wären alle zugegen ... Ich empfehle euch die Ausübung eures Berufes: Sie sei beständig, lebenskräftig und liebevoll.« Ihr letztes Wort war »Jesus«.

Papst Pius X. erklärte 1909, Mary Ward dürfe als Stifterin der „Englischen Fräulein" bezeichnet werden. Papst Pius XI. leitete 1931 ihren Prozess zur Seligsprechung ein.

Artemisia Gentileschi

* 1593 in Rom
† 1652 in Neapel

Bedeutende Barockmalerin Italiens

»Ihr werdet den Geist Cäsars in der Seele dieser Frau finden.«

Artemisia Gentileschi an ihren Auftraggeber
Don Antonio über ihr Selbstbildnis.

Lange Zeit war die Künstlerin Artemisia Gentileschi in Vergessenheit geraten. Erst Kunsthistoriker unserer Zeit erinnerten sich an die Malerin, die zu den eigenwilligsten Persönlichkeiten der italienischen Malerei gehört. In einer Zeit, in der Künstler wie Leonardo da Vinci, Michaelangelo, Caravaggio und Tizian um Aufträge rivalisierten, trat allein eine Frau hervor, die sich mit ihnen an Talent und Ansehen messen konnte: Artemisia Gentileschi.

Wie die meisten Künstlerinnen erhielt Artemisia ihren ersten Malunterricht bei ihrem Vater Orazio Gentileschi, der gleichfalls zu den bekannten »Caravaggisten« zählte. Da ihre Mutter Prudentia Montone schon 1605 verstorben war, entwickelte das Mädchen ein besonders inniges Verhältnis zu ihrem Vater. Auf Wunsch ihres Vaters sollte der verheiratete Vedutenmaler Agostino Tassi der 15–jährigen Künstlerin Unterricht in Perspektive erteilen. Leider wurde Artemisia von ihrem Lehrer vergewaltigt. Als sie sich ihrem Vater anvertraute, brachte er Tassi vor Gericht. Obwohl sie mit Daumenschrauben gepeinigt wurde, beharrte die junge Frau darauf, dass sie sich heftig gewehrt hätte und dass Tassi ihr anschließend einen Ring gegeben und versprochen habe, sie zu heiraten, wenn sie schwiege. Obwohl Tassi behauptete, Artemisia habe vor ihm schon einige Liebhaber gehabt, wurde er zu acht Monaten Gefängnis verurteilt. Artemisia, die »Entehrte«, wurde damals mit Pietro Antonio de Vincenzo Stiattesi verheiratet. Das Paar zog nach Florenz.

Im Jahr 1612/13 malte Artemisia »Judith enthauptet Holofernes«. Schonungslos genau schildert Gentileschi die Enthauptung des Holofernes so, als handele es sich um einen chirurgischen Eingriff wider Willen: Niedergehalten von der über ihn gebeugten Abra, führt die Gegenwehr des Holofernes ins Leere, seine Faust erreicht ihr Kinn nicht mehr. Im Gegenzug drückt sie ihm ihre eigene Faust auf die Brust. Dieses Machtspiel wird von der Aktion der Judith überkreuzt, ihre beiden muskulösen Arme greifen gleichzeitig ein, die linke Faust greift erbarmungslos in die Haare des Liegenden, die recht führt kraftvoll das Schwert. Es durchschneidet die Kehle des Opfers, dem der Schrei in dem halbgeöffneten Mund eines verzerrten Gesichtes stecken bleibt, das Blut ergießt sich über das weiße Linnen.

Das Gemälde hat von jeher Irritationen ausgelöst, ja sogar Entsetzen, aber auch Bewunderung hervorgerufen. Irritierend war, mit welch schonungsloser Ehrlichkeit die grausame Bluttat geschildert wird, und dass das Bild von der Hand einer Frau stammte. So wie Judith das Haupt vom Rumpfe »säbelte«, das sei ein Werk, das man eher einem Henkersknecht zuschreiben sollte.

Schon bald nach ihrer Ankunft in Florenz trat Artemisia Gentileschi in die Dienste der Familie Medici. Als erste Arbeit für den Hof der Medici entstand das Gemälde »Judith und ihre Dienerin auf der Flucht« (1613/14). Im Jahr 1615 erhielt sie ihren ersten größeren Auftrag von Michelangelo Buonarotti, dem Jüngeren (einem Großneffen von Michelangelo). Sie malte an der Decke des Hauptraumes seines Hauses in Florenz, wohl zusammen mit ihrem Vater, die allegorische Figur der »Zuneigung«, deren Nacktheit später von Baldassare Franceschini auf Veranlassung von Lionardo Buonarroti teilweise übermalt wurde.

Artemisia setzte ihre künstlerische Ausbildung an der Florentiner Accademia del Disegno fort. 1616 waren sie und ihr Mann nachweislich Mitglieder der Akademie. Seit der Gründung der Akademie im Jahre 1563 war Artemisia die erste Frau, deren Name in den Immatrikulationslisten steht. Im Laufe des 17. Jahrhunderts wurden nur noch drei weitere Frauen aufgenommen.

Was Artemesia in ihrer Malweise zeigt, geht sowohl bei den dramatischen Hell-Dunkel-Kontrasten, den am Manierismus orientierten Bildstrukturen als auch im Ambivalent-Erotischen

auf Carvaggio, den größten Erneuerer der italienischen Malerei, zurück. Es fällt auf, dass Artemisia auch die alttestament-
lichen Frauen Susanna und Bathseba malte: Susanna wurde
von zwei alten Männern im Bad belästigt, Bathseba von David
verführt. Die Darstellung der Figuren ist ungewöhnlich: Susanna sitzt nackt auf einer Bank und dreht sich furchtsam weg,
während die beiden Greise hinter ihr über eine Mauer lehnen,
sich besprechen und nach ihr hinschielen. Die Szene enthält
in der Darstellung der Verletzbarkeit der jungen Frau und der
Gemeinheit der Anschläge der Männer eine eigene Aussage-
kraft, die Artemisias' Erlebnis mit Tassi widerspiegelt.

Grundsätzlich malte sie gerne Bilder zu Themen, in denen
Frauen eine besondere Rolle spielten. Dabei ist in das Physi-
ognomische vielfach eine gewisse Leidenschaft und Gewalt
des Ausdrucks gelegt, wie etwa bei der »Magdalena« (Palazzo
Pitti) und der »Susanna« (Pommersfelden), der hl. Cäcilie, der
hl. Katharina, Madonna mit Kind, einer Lautenspielerin und
einer Minerva. Es lässt sich auch eine Vorliebe für leuchtend
gelbe Töne mit orangefarbenen Schatten und für Gewänder
mit besonders sorgfältig gemalten Falten erkennen.

Artemisia freundete sich in Florenz mit Galileo Galilei an
und korrespondiert mit ihm. Cosimo II., Großherzog der Toskana, wurde einer ihrer großen Förderer. 1622 erbat sie von
ihm die Erlaubnis zur Rückkehr nach Rom. In Rom richtete
sie sich mit ihren beiden Töchtern Palmira und Prudentia ein
Atelier ein und nahm Porträtaufträge an, um ihren Lebensunterhalt zu bestreiten. Ihre Auftraggeber waren nun unter anderem Kardinal Francesco Barberini, ein Neffe von Papst Urban
VIII., und der Commandatore Cassiano dal Pozzo.

Im Jahr 1630 ging Artemisia nach Neapel, das Anfang des
17. Jahrhunderts unter der Herrschaft des spanischen Königs
Philipp IV. stand, und das dreimal so groß wie Rom und ein
bedeutendes kulturelles Zentrum war.

Da ihr Vater Orazio schon seit 1626 am Hof von König
Karl I. in London tätig war, wurde sie ebenfalls dorthin ein-
geladen. Nach langem Zögern reiste sie nach London. Sie
half ihrem schon kränkelnden Vater, die Decken des Queen's
House in Greenwich auszumalen. Obwohl sie Neapel nicht
sehr schätzte, kehrte sie 1640 dorthin zurück. Sie erhielt einen
bedeutenden Monumentalauftrag, nämlich drei Gemälde für

den Chor der Kathedrale von Pozzuoli auszuführen. In Neapel ist die Künstlerin 1652 verstorben.

Die Verfasser des »Cimiterio«, einer Sammlung satirischer Epitaphe (1654), erwähnten die Künstlerin wenig schmeichelhaft:

> *»Nun, unter diesen Marmorplatten verborgen,*
> *bin ich ein süßer Köder für die Würmer geworden.«*

(Gentil esca = süßer Köder; ein Wortspiel mit Artemisias Namen)

Anna Maria von Schurmann

* 1607 in Köln
† 1678 in Wiewerd (Friesland)

Sprachgenie und Wissenschaftlerin

>»Was immer den menschlichen Verstand verbessert und
>schmückt, schickt sich auch für eine christliche Frau.
>Alles, was den menschlichen Geist mit ungewöhnlichen und
>ehrenhaften Vergnügen erfüllt, steht auch einer christlichen
>Frau.«

(Anna Maria von Schurmann)

Anna Maria von Schurmann, die ernste, großäugige Frau mit dem weichen, schwärmerischen Kinn, galt unter ihren Zeitgenossen als »das Wunder ihres Zeitalters« und als ein europäisches Universalgenie.

In Köln 1607 als Kind reformierter niederländischer Eltern geboren, zog sie 1623 nach einer umfassenden Bildung durch ihren Vater nach Utrecht. Sie blieb unverheiratet und wurde sehr bald als »die Jungfer von Utrecht« verehrt. Ihre Sprachkenntnisse waren enorm, ebenso ihre Veröffentlichungen in den Sprachen französisch, deutsch, englisch, italienisch, griechisch, hebräisch, syrisch, chaldäisch, arabisch und äthiopisch. Ihre künstlerische Laufbahn kann als die Suche einer begabten Frau nach dem richtigen Medium betrachtet werden. Sie fertigte zierliche Scherenschnitte von Blumen und Insekten an, stickte Blumen auf Gobelins, schnitt sich und ihre Familie in Buchsbaumholz und Elfenbein und modellierte ein Selbstporträt aus farbigem Wachs. Sie erlernte die Technik der Glas- und Kupfergravur sowie die Miniaturmalerei. Der Versuch eines einzigen Selbstporträts in Öl ist ebenfalls nachgewiesen. Anna Maria besaß wirklich ausgesprochen künstlerische Fähigkeiten und auch die Musik gehörte selbstverständlich zu ihrem Leben.

Als dreißigjährige Frau feierte sie die Einweihung der Universität Utrecht mit lateinischen Versen und kämpfte vehement für die Zulassung von Frauen zum Studium. Sie selbst

als »Stern von Utrecht, »holländische Sappho«, aber auch als
»holländische Minerva« verehrt, blieb allerdings im Hörsaal
der Universität Leiden aufgrund einer Sonderregelung die einzige Hörerin, für die eine »loge grillé«, ein vergitterter Kasten,
eingebaut wurde, um die Studenten durch den ungewohnten
Anblick einer Frau in der Alma Mater nicht vom Zuhören ab-
zulenken. Anna Maria hatte nämlich durchgesetzt, an den Vorlesungen des französischen Theologen André Rivet teilnehmen zu dürfen. Dieser war Hofkaplan bei Friedrich Heinrich
von Oranien in Den Haag und Erzieher seines Sohnes Wilhelm
II., Kurator der »Illustre School« in Breda, ein einflussreicher
orthodoxer Calvinist. Der Briefwechsel zwischen ihm und der
»zehnten Muse« wurde schon 1638 veröffentlicht. Anna Maria von Schurmann vertrat die These: »Jedem Menschen sind
von Natur die Prinzipien oder die Potenzen der Prinzipien aller Künste und Wissenschaften eingegeben. Auch den Frauen
ist dies alles eingegeben. Wem von Natur ein Verlangen nach
Wissenschaften und Künsten innewohnt, dem kommen diese auch zu. Frauen haben als Individuen der Spezies Mensch
dieses Verlangen.«

Die Schriften der Anna von Schurmann sind ein muster-
haftes Beispiel für den Versuch einer Feministin, ihrer Argu-
mentation dadurch Gehör zu verschaffen, dass sie diese in den
philosophischen Traditionen der dominanten Kultur verror-
tete. Ihre »Dissertatio, de Ingenii Muliebris ad Doctrinam …
aptitudine« präsentierte sich als »eine Übung in der Logik, die
Frage betreffend, ob eine Frau eine Gelehrte sein könne«, und
war in der korrekten scholastischen Form des Schlusses mit
Ober- und Untersatz angelegt. Sie führte Beweis mit der De-
finition der Begriffe, legte anschließend fünfzehn Thesen dar,
in denen das Recht der Frauen auf Bildung verteidigt wurde,
und schloss mit der Widerlegung der »Opponenten« dieses
Rechtes. Hatte Aristoteles die Frauen als untergeordnetes Geschlecht gesehen, lautete die feministische These, die Frau sei
dem Mann gleichrangig, wenn nicht gar überlegen. Die These
der begabten Holländerin ging dahin, dass Bildung die Frauen
zu besseren und zu gehorsameren Ehefrauen und Christinnen
erziehe. Sie schrieb: »Was immer den menschlichen Verstand
verbessert und schmückt, schickt sich auch für eine christliche
Frau. Alles, was den menschlichen Geist mit ungewöhnlichem

und ehrenhaftem Vergnügen erfüllt, steht auch einer christlichen Frau an.«

In den letzten Jahren des 30–jährigen Krieges erschien die
erste Sammlung ihrer Gedichte in lateinischer, hebräischer
und griechischer Sprache, die in drei Jahren vier Auflagen erlebte. Die Wissenschaftlerin stand im Briefwechsel mit einer
Reihe von Persönlichkeiten ihrer Zeit, darunter dem Physiker
Christiaan Huygens, dem Philosophen René Descartes und
dem Kardinal Richelieu. Anna Maria von Schurman erhielt
Besuch von der gebildeten, wenngleich exzentrischen Königin Christine von Schweden, der Herzogin Anne Geneviève
de Longueville und der Marie-Louise von Gonzaga. Religiös
stand van Schurman unter dem Einfluss von Gisbert Voetius
und Ezechiel Spanheim.

Im Alter von 60 Jahren gab sie aufgrund von Weltentsagung
und Mystik ihre Kunst und gelehrten Studien auf und schloss
sich dem abgesetzten Prediger und Sektierer Jean de Labadie
an. Er gilt als Hauptvertreter der mystischen Spiritualisten
französischer Sprache. Seine Lebensaufgabe sah er darin, die
Kirche nach dem Modell des Urchristentums wiederherzustellen. Als er aber eine »urchristliche« Separation begründete,
wies ihn der Stadtrat von Genf aus der Stadt. 1670 zog er durch
Vermittlung seiner Schülerin Anna Maria von Schurmann in
das Stift Herford. Von dort gingen beide in die Mennonitenfrei-
statt Altona, und schließlich nach Schloss Walta in Wiewerd in
Friesland, wo sie 1678 starb. Eine Frau, die ihr nahe stand, war
für kurze Zeit Maria Sibylla Merian, die ebenfalls mit ihren
beiden Töchtern auf Schloss Walta in Wiewerd lebte.

Maria Schurmann galt als die »Mutter« der sehr frommen
pietistischen Gemeinde. Die Parole der Sekte hieß: »Der Kopf
muss ab!« Das bedeutete in der Sprache der schwarmgeisti-
gen Gemeinde den Verzicht auf intellektuelle Selbständigkeit
zugunsten der unbedingten Unterwerfung unter den Willen
Gottes. Nach dem Tod des »Gottgesandten«, wie Anna Maria von Schurmann Jean de Labadie sah, verfasste sie für ihn
eine Rechtfertigungsschrift: das bedeutende religiös-philoso-
phische Werk »Eucleria«. Darin stellte sie Nächstenliebe, Welt-
verachtung, Leben in einer Gemeinschaft nach urchristlichem
Vorbild und den Dienst an Gott über die Ausübung der Wissenschaften.

MARIA SIBYLLA MERIAN

* 1647 in Frankfurt am Main
† 1717 in Amsterdam

Insektenforscherin, Botanikerin und Malerin

>*Was Gesner, Wotton, Penn und Muset überlassen*
in Schriften zu verfassen;
das hat dir, Engelland,
mein Teutschland nachgethan
durch kluge Frauenhand.«

(CHRISTOPH ARNOLD, 1627–1685)

Ein Frauenporträt, die Ansicht der Burg und der Stadt Nürnberg sowie eine Wespe als Symbol für wissenschaftliches und künstlerisches Wirken der Abgebildeten – soviel zeigte auf den ersten Blick die Vorderseite der 500–Mark-Banknote der deutschen Bundesbank. Beim genaueren Hinsehen entdeckt man den Namen der Frau, nämlich Maria Sibylla Merian, eine Naturforscherin und begabte Malerin. Sie zählt zu den wenigen Frauen, die auf wissenschaftlichem Gebiet tätig waren. Erst ganz allmählich erschloss sich Frauen das weite Feld der Forschung. Sybilla Merian war nicht nur eine kenntnisreiche Biologin, sondern zugleich eine Künstlerin von hohem Rang, die es verstand, diese Doppelbegabung voll auszunutzen.

Sybilla Merian war die Tochter des in Frankfurt am Main lebenden hervorragenden Schweizer Kupferstechers und Verlegers Matthäus Merian d. Ä., dessen Blätter zum »Basler Totentanz« berühmt geworden sind. Das väterliche Talent hatte die Tochter offensichtlich geerbt, doch kannte sie ihn kaum, da sie ihn schon als Dreijährige verlor. Ihr Bruder, Matthäus Merian der Jüngere, übernahm den Verlag.

Das junge Mädchen wurde von ihrem Stiefvater, dem Maler Jacob Marell, unterrichtet. Mit 14 Jahren ging Maria Sibylla nach Holland und arbeitete als Schülerin bei dem bekannten Miniaturmaler Abraham Mignon. Um die Fachliteratur studieren zu können, lernte sie Latein. Nach ihrer Heirat mit dem

Maler John Graff (1665) siedelte sie mit ihm nach Nürnberg über, gründete dort eine Malschule und zog einen Handel mit Malfarben auf.

Ihre erste größere Veröffentlichung war 1679 das Buch »Der Raupen wunderbare Verwandlung und sonderbare Blumennahrung«. In 50 Kupferplatten ritzte sie den Lebenszyklus vieler Insekten ein – vom Ei über die Raupe bis hin zum fertigen Wesen. Sie erklärte: »Seit meiner Jugend bin ich an Insekten interessiert, zuerst begann ich mit der Seidenraupe im heimatlichen Frankfurt am Main. Später ... begann ich, alle Raupen zu sammeln, die ich fand, um ihre Verwandlung zu beobachten.« Die Arbeit galt für diese Zeit als einmalige Forschungsarbeit.

Große Begeisterung löste das 1680 in Nürnberg erschienene »Neue Blumenbuch« mit seinen 36 Farbtafeln aus. Die Künstlerin hatte eine neue Drucktechnik entwickelt, um die lebendige Schönheit der Blumen wiederzugeben. Johann Wolfgang von Goethe rühmte das Meriansche Werk überschwänglich: Es »befriedigt die Sinne vollkommen; Blüten und Knospen sprechen zum Auge, und Früchte zum Gaumen.«

Nach 20 Ehejahren trennte sich Sibylla Merian von ihrem Mann, nahm wieder ihren Mädchennamen an und schloss sich den Labadisten an, einer freien Religionsgemeinschaft auf Schloss Walta in Westfriesland.

1691 beschloss sie, nach Amsterdam zu ziehen, in eine Stadt, die reich war an Raritäten aus Ost- und Westindien. Sie ernährte sich und ihre beiden Töchter durch den Handel mit gefärbten Stoffen und der von ihr produzierten Malerfarben. Nachdem sie einige, oft recht unvollständige Insektensammlungen, etwa die des Amsterdamer Bürgermeisters und Vorstehers der Ostindischen Gesellschaft hatte bewundern dürfen, reifte in ihr der Entschluss, »eine weite und teure Reise nach Surinam (ein heißes und feuchtes Land)« anzutreten.

Sibylla Merian erwarb mit ihrem Enthusiasmus, ihrer Geduld und ihrer Kunst auch die Aufmerksamkeit des Direktors des Botanischen Gartens, Caspar Gommelin, in Amsterdam. Als ihre älteste Tochter heiratete und in die holländische Kolonie von Surinam reiste, war deren Unterstützung für die Mutter von großem Wert, um das notwendige Geld zu einem neuen Projekt aufzubringen. Im Jahre 1699 begann Sibylla Merian, damals 52 Jahre alt, zusammen mit ihrer Tochter Dorothea die

Reise nach Surinam. Einige Zeit lebten die beiden Frauen bei der Missionsgesellschaft der Labadisten auf der Gummiplantage. Es kam zu Konflikten mit den Pflanzern, denen die beherzte Forscherin die schlechte Behandlung der Eingeborenen vorwarf. Bei der Beschreibung der Pflanze »Flos pavonis« fiel ihr auf, dass der Samen dazu benutzt wurde, um absichtlich Fehlgeburten auszulösen. Die Frauen wollten keine Kinder zur Welt bringen, die als Sklaven bei den Kolonialherren hätten arbeiten müssen.

Die klimatischen Verhältnisse zwangen Maria Merian 1701 nach Amsterdam zurückzukehren. Sie hatte sich mit Malaria infiziert. Sie brachte exotische Pflanzen und in Branntwein konservierte Tiere mit, die der Bürgermeister in der Stadthalle ausstellen ließ. Nach ihrer Rückkehr begann die Naturforscherin und Abenteurerin mit der Arbeit an ihrem Hauptwerk »Metamorphosis insectorum Surinamensium«. In 60 Illustrationen stellte sie die Lebenszyklen verschiedener Raupen, Würmer und Maden, Motten, Schmetterlinge, Käfer, Bienen und Fliegen in allen Einzelheiten dar.

Maria Sibylla Merian hinterließ in der Insektenkunde ihre Spuren. Sechs Pflanzen, neun Schmetterlinge und zwei Käfer sind nach ihr benannt.

Im 19. Jahrhundert erfuhr Maria Sibylla Merians Werk plötzlich scharfe Kritik. Reverend Lansdown Guilding veröffentliche 1834 im Magazine of Natural History eine Rezension ihrer Schriften, in der er sie als »weiblichen Geweihten der Wissenschaft« bezeichnete, die sich in Surinam von »ein paar pfiffigen Negern« an der Nase habe herumführen lassen, außerdem sei ihr Werk voller Fehler. Weitere Angriffe gegen »die Frau als Wissenschaftlerin« kamen von dem deutschen Naturforscher Hermann Burmeister. Doch mit der Zeit legten sich die Angriffe und Maria Sibylla Merians Werk erlebte eine Renaissance.

FRIEDERIKE CAROLINE NEUBER

* 1697 in Zwickau
† 1760 in Laubegast bei Dresden

Schauspielerin und Prinzipalin

> *»Die Lust soll ehrbar seyn, bezaubernd und gelehrt.«*
>
> (CAROLINE NEUBER)

Eine große »Wegbereiterin des deutschen Theaters« wird Friederike Caroline Neuber genannt. »Nichts als eine Comödiantin« – so bezeichnete sie sich selbst mit vollem Selbstbewusstsein und wies in ihren vielen Publikationen darauf hin, dass der Berufsstand der Wanderschauspieler kein besonderes Ansehen genoss und Bühnendarstellerinnen schlechtweg als sittenloses, unehrliches Gesindel galten. Ihren eigentlichen Durchbruch erlebten die deutschen Bühnenkünstlerinnen erst im 18. Jahrhundert. Vorher gab es eine Art »Warnliteratur«, die darauf zielte, die Theaterlust der höheren Töchter zu bremsen und das Bühnenleben in den düstersten Farben zu schildern.

Friederike Caroline Weißenborn, am 9. März 1697 in Zwickau geboren, verlor sehr früh ihre Mutter Anna Rosine Wilhelm. Ihr Vater, der tyrannische Advokat Daniel Weißenborn, konnte mit einer Tochter nichts anfangen. Er feierte den Geburtstag der Tochter immer als einen Unglückstag. Vor den Peitschenschlägen floh die Fünfzehnjährige leider erfolglos. Im zweiten Fluchtversuch 1716 verschwand sie mit dem Gymnasiasten Johann Neuber, den sie ein Jahr später, am 5. Februar 1718, im Braunschweiger Dom heiratete. Sie wollte Schauspielerin werden und fand Aufnahme in der »Spiegelbergschen Komödiantentruppe«. Zehn Jahre später (1727) übernahmen sie und ihr Mann die Prinzipalschaft der »Haack-Hoffmannschen Gesellschaft«.

Friederike Neuber regierte mit starker Hand. Sie bestand auf einem geregelten, fast bürgerlich ablaufenden Tagesplan, auf festen Probezeiten, Sauberhaltung der Bühnengarderobe und einer Einschränkung des Wirtshauslebens von Seiten der Junggesellen in der Truppe. Dies brachte ihr die Bezeichnungen »theatralische Lehrmeisterin«, »strenge Moralistin« und »pädagogische Prinzipalin« ein.

Was die »Neuberin« anstrebte, war ein festes Haus und ein Publikum, das im Theater etwas anderes suchte als Hanswurstiaden oder blutrünstiges Spektakel. Als Direktorin des Theaters setzte sie zusammen mit dem Aufklärer Johann Christoph Gottsched eine entscheidende Reformierung des deutschen Bühnenstils durch. 1730 begann sie zusammen mit Gottsched diese Theaterreform mit vier aus dem Französischen übersetzten Dramen (Regulus, Cid, Cinna, Berenice) in Leipzig. Es folgten Stücke von Destouches, Pierre Marivaux und Voltaire. Das brachte Friederike Caroline den Ruf ein, scharfsinnig, ausdauernd, gewandt und kühn bis zur Verwegenheit zu sein.

Seit 1727 besaß die Neuberin das Privileg, als königlich-polnische und kurfürstlich-sächsische Hofkomödiantin auftreten zu dürfen. Es war ein großer Erfolg, dass August der Starke ihr in Leipzig einen festen Aufführungsort zuweisen ließ: den »Boden über den aus dem Naschmarkte nach der Reichsstraße führenden Fleischbänken«, das so genannte »Fleischhaus«.

Zehn Jahre später in Frankfurt zählten die renommiertesten Schauspieler Deutschlands zu der Truppe der Neuberin. Ihr Erfolg war es, dass von nun an das gebildete Publikum eine deutsche Schaubühne besuchte, wie dies schon 1701 die Theaterprinzipalin Catharina Elisabeth Velten propagiert hatte. Friederike Neuber sagte dazu: »Man hält mir als einer deutschen Frau nicht vor übel, dass ich ganz allein mich zur Verbesserung der deutschen Schaubühne angetrieben, und allem Vorschub, so wohl bey Hohen als Niedrigen, Gelehrten und Ungelehrten, aufs eyfriste dazu gesucht habe.«

Zwischen 1733 und 1755 war sie acht Mal in Dresden. Sie spielte anfangs im Gewandhaus auf dem Neumarkt »actiones comico-tragicas«, gegen 2, 4, 6 oder 8 Groschen Eintritt, je nachdem, ob die Zuschauer »dem Teatro entfernt oder nahe sein wollten«. Sie spielte an fünf Abenden hintereinander im Jagdschloss Hubertusburg vor August III.

1740 folgte sie einem Ruf nach Petersburg, kehrte aber bereits 1741 enttäuscht nach Dresden und Leipzig zurück und überwarf sich mit Gottsched, der sich einem ihrer Konkurrenten zugewendet hatte. Ihr Zorn war so groß, dass sie ihn in einem Vorspiel »als die Nacht mit Blendlaterne und Fledermausflügeln« lächerlich machte. Das führte zum endgültigen Bruch mit Gottsched, dessen »weltfremder und pedantischer Vernunftsdogmatismus dem praktischen Theaterinstinkt« der Neuberin entgegenstand. Hans Moritz von Brühl unterstützte ihre Aufführung, weil er Gottsched nicht leiden konnte. Doch 1743 sah sich die Neuberin gezwungen, ihre Gesellschaft erst einmal aufzulösen. Auch nachdem sie ihre Gesellschaft 1744 neu organisiert hatte, musste sie 1750 in Zerbst abermals die Truppe auflösen und versuchte nun noch einmal 1753 ihr Glück als Schauspielerin in Wien, jedoch vergeblich.

Nach all den großen Erfolgen in Kiel, Hamburg, Dresden, Frankfurt, Wien und mit Einschränkung auch in Sankt Petersburg war die Glanzzeit des Reformunternehmens (1730–1739) vorüber. Selbst die Zusammenarbeit mit dem jungen Gotthold Ephraim Lessing, dessen erstes Stück »Der junge Gelehrte« die Truppe 1748 aufführte, half nicht aus dem Debakel.

1756 kam es zum Ausbruch des Siebenjährigen Krieges, der weitere Aufführungen unmöglich machte. Das Ehepaar Neuber fand beim königlichen Leibarzt Dr. Löber in Dresden eine Bleibe, wo Johann Neuber 1759 starb. Nachdem Freunde Löbers im nahe gelegenen Dorf Laubegast mit der Unterbringung der Neuberin nicht einverstanden waren, nahm sie der Bauer Georg Möhle auf. Bei ihm starb die große Schauspielerin, krank und in größter Armut, am 30. November 1760. Die katholische Kirche lehnte ein Begräbnis ab, so dass Möhle ihren Sarg mit einem Schubkarren zum Friedhof fahren musste, wo keine Trauerfeier stattfand. Kunstfreunde setzten ihr 1776 in Laubegast einen Gedenkstein. Ein Grabstein konnte erst 1852 aufgestellt werden, da er bisher immer noch von der Kirche abgelehnt wurde.

Johann Wolfgang von Goethe setzte der Schauspielerin und Direktorin Friedrike Neuber, einer energischen, fein gebildeten Frau ein literarisches Denkmal in der Gestalt der Madame de Retti in »Wilhelm Meisters Wanderjahre«.

Émilie du Châtelet

* 1706 in Paris
† 1749 in Lunéville

Physikerin

>*Wahrhaftig, Émilie ist die göttliche Geliebte voller
Schönheit, Geist, Mitgefühl und all den andern weiblichen
Tugenden, doch wünschte ich oft, sie wäre weniger gelehrt
und ihr Verstand weniger scharf.*«

(François Marie Arouet Voltaire)

König Friedrich der Große schrieb an den Philosophen
Voltaire nach Paris: »Dass Émilie sich meiner erinnert, ist sehr
schmeichelhaft für mich. Seien Sie so gut, ihr zu versichern,
dass ich sie außerordentlich hoch achte, denn Europa zählt sie
ja den großen Männern zu. Was könnte ich der Newton-Venus,
der erhabensten Wissenschaft im Gewande der lieblichsten
Schönheit, den Reizen und der Grazie der Tugend abschla-
gen?« Als Geschenk sandte er der »göttlichen Émilie« sein Por-
trat.

Die vom Preußenkönig so Verehrte war Gabrielle-Émilie le
Tonnelier de Bréteuil, Marquise de Châtelet, die am 17. Dezember 1706 in Paris zur Welt gekommen war. Sie lernte Latein,
Italienisch, Englisch und Spanisch, zeigte schon sehr früh ihr
Interesse an Metaphysik und Mathematik und war gleichzeitig
eine vorzügliche Musikerin. Diese zahlreichen Talente setzte
sie erfolgreich für eine Karriere als Hofdame ein. Sie war 1722
an den französischen Hof gekommen, sechzehn Jahre alt, attraktiv und begeisterungsfähig. Ihre Kleidung, ihr Benehmen
und ihr ungewöhnliches Verhalten erweckten den Eindruck,
wie König Ludwig XV. bemerkte, als ob sie einfach »Freude an
allem« hätte.

Als die Höflinge darauf wetteten, wer sie als erster verfüh-
ren würde, benutzte sie ihren Verstand und ihre scharfe Zun-
ge, um sich zu schützen. Athletisch gebaut und sehr groß für
eine Frau forderte sie den Kommandeur der Königlichen Garde, Oberst LeBrun, zu einem Wettkampf im Fechten heraus.

Sie verlor zwar, hielt sich jedoch so gut, dass ihre potentiellen Verführer sie in Ruhe ließen. Der König lobte sie: »In ihrer Gesellschaft langweilt sich niemand.«

Aufgrund ihrer geistigen Fähigkeiten fiel es ihr leicht, mit Pierre Maupertuis, Samuel König, Alexis-Claude Clairaut und Bernoulli schwierige mathematische Probleme zu diskutieren. Ihr großer Hang zu Vergnügungen ließ sie vor ihrer Heirat mit dem wenig treuen Marquis du Châtelet (1725) zur Geliebten des Marquis von Guébriant und des reichen, prominenten Höflings Herzog von Richelieu, königlicher Berater, werden.

1733 erstürmte sie sich den Zutritt ins Café Gradot, den Pariser Treffpunkt der Wissenschaftler. Da ihr zunächst als Frau der Zutritt verwehrt wurde, erschien sie zum Vergnügen ihrer applaudierenden Kollegen in Männerkleidung. In Pariser Cafés hatten damals außer Prostituierten keine Frauen Zutritt. Als der Philosoph Voltaire 1734 aus Paris verbannt wurde, war er schon mit Émilie du Châtelet liiert. Sie zogen zusammen in das ihrem Mann gehörende Schloss Cirey in der Champagne. Dort wurden ihr ein Laboratorium und eine Bibliothek mit Zehntausenden von Bänden eingerichtet, damit sie ihre Studien fortsetzen konnte. Sie übersetzte unter anderem Isaak Newtons »Philosophiae naturalis principia mathematica« ins Französische, die 1759 unter dem Titel »Principes mathématiques de Newton« erschienen. Diese Übersetzung trug sehr zur Verbreitung der Newtonschen Ideen in Europa bei. Schon 1740 veröffentlichte sie »Institutions de physique«, eine Arbeit in der sie Newtons Ideen klar darlegte. Eine wissenschaftliche Arbeit aus ihrer Feder wurde von der Akademie einer Arbeit Voltaires gleichgestellt. Cirey entwickelte sich zum französischen Zentrum der Newtonschen Wissenschaft.

Ihr Tagesablauf sah damals wie folgt aus: Sie stand bei Tagesanbruch auf, nahm ein Frühstück mit Fisch, Brot, Gesottenem und Wein zu sich, erledigte ihre Korrespondenz, legte die Haushaltsaktivitäten fest und unterhielt sich mit den Kindern. Dann begann sie mit dem Studium. Ihre Experimente führte sie in der Eingangshalle des Schlosses durch. Gemeinsam mit Voltaire nahm sie eine Mahlzeit ein. Dann ging es mit dem Studium weiter. Wenn sie sehr müde war, dann tauchte sie ihre Hände in eiskaltes Wasser, bis sie gefühllos wurden. Anschließend schlug sie sie gegeneinander und gegen die Arme, um die Blutzirkulation anzutreiben.

1744 schrieb Émilie du Châtelet einen »Traité sur le bonheur«, wörtlich einen Traktat über das Glück. Sie beschrieb, dass das Leben der Frauen eingeengter sei als das der Männer. Aber für die höfische Welt sah sie darin kein Hindernis. Glück komme von Gesundheit, den Privilegien in Bezug auf Reichtum und Stellung und vom Lernen. Für jene, die im Dienst am Hof ausharrten, seien auch Belohnungen ausgesetzt wie Ländereien, Titel oder eine vorteilhafte Heirat.

Als Physikerin beklagte sie immer wieder die schlechte Ausbildung von jungen Frauen: »Warum ist Jahrhunderte lang kein gutes Gedicht, keine gute Tragödie, kein bedeutendes historisches Werk, kein schönes Gemälde und kein erwähnenswertes Buch über Physik von einer Frau verfertigt worden?« Sie entwarf ein Programm, das den Missstand beseitigen sollte, der sozusagen die »halbe menschliche Rasse aus der Gemeinschaft« verstößt. Sie war überzeugt, dass eine entsprechende Erziehung allen zugute käme und selbstbewusste Frauen herangezogen werden könnten. Doch dieses Denken setzte sich noch lange nicht durch.

1747 verliebte sich Émilie in Voltaires Freund, den Dichter Marquis de Saint-Lambert, den sie in Lunéville am Hof des früheren polnischen Königs Stanislaws kennen gelernt hatte. Mit 43 Jahren wurde sie von ihm noch einmal schwanger – sie hatte damals schon drei eheliche Kinder – und starb kurz nach der Geburt der Tochter am Kindbettfieber. Sie soll ihr Kind, so Voltaire, am Schreibtisch geboren haben. Kurz vor ihrem Tod hatte sie das mit Anmerkungen versehene Übersetzungsmanuskript noch dem Bibliothekar der Pariser Bibliothèque du Roi anvertraut, die schon erwähnten »Principes mathématiques de Newton«.

Voltaire weinte lange um die Geliebte: »Ich habe nicht nur meine Mätresse verloren, ich habe die Hälfte meiner selbst verloren. Sie war ein großer Mann, dessen einziger Fehler war, eine Frau zu sein. Eine Frau, die Newton übersetzte und deutete, mit einem Wort: ein wirklich großer Mann.«

WILHELMINE FRIEDERIKE SOPHIE, MARKGRÄFIN VON BAYREUTH

* 1709 in Berlin
† 1758 in Bayreuth

Markgräfin von Bayreuth

>*Das Glück, von Dir geliebt zu werden, geht mir über Reiche*
und Kronen, und wenn ich längst vermodert bin, will ich
keine andere Grabschrift als diese: Meine Schwester hat
mich geliebt.«

(FRIEDRICH II. VON PREUSSEN)

Markgräfin Wilhelmine von Bayreuth, Lieblingsschwester
Friedrichs des Großen, darf zu den geistreichen Fürstinnen ihrer Zeit gerechnet werden. Am 3. Juli 1709 in Berlin als älteste
Tochter des späteren Königs Friedrich Wilhelm I. von Preußen
und der Welfin Sophie Dorothea geboren, waren ihre Kindheit
und Jugend, ähnlich wie die ihres jüngeren Bruders Friedrich,
von höfischen Intrigen und Richtungskämpfen überschattet.
Beide hatten unter dem Erziehungskonflikt zwischen dem
harten und jähzornigen Vater und der geistvollen, aber intri-
ganten Mutter zu leiden. Ab seinem 13. Lebensjahr war Kronprinz Friedrich der tyrannischen Erziehung des »Soldatenkö-
nigs« in Potsdam ausgesetzt, während seine Schwester mit den
übrigen Geschwistern bei der Königin in Berlin aufwuchs.

Nach dem Scheitern der von Sophie Dorothea gewünsch-
ten Heirat mit dem Prince of Wales wurde die preußische Königstochter Wilhelmine, vom ihrem Vater im Mai 1731 vor die
Alternative zwischen Festungshaft in Spandau oder Heirat gestellt. Entweder sollte sie den Erbprinzen Friedrich von Bran-
denburg-Bayreuth oder Herzog Johann Adolf II. von Sachsen-
Weißenfels, der 24 Jahre älter war als sie, oder den Markgrafen
Friedrich Wilhelm von Schwedt heiraten. Wilhelmine willigte
in eine Verlobung mit dem Erbprinzen Friedrich von Bayreuth
ein, die am 3. Juni 1731 stattfand. Am 20. November wurde die
Hochzeit in Berlin gefeiert. Am 22. Januar 1732 zog das frisch

vermählte Paar nach Bayreuth. Wilhelmine freute sich darauf: »Die Ungeduld, nach Bayreuth zu kommen, ließ mich Stunden und Minuten zählen. Ich schmeichelte mir, ein sanftes und ruhiges Leben in meinem neuen Aufenthaltsorte zu führen und ein glücklicheres Jahr als das eben beendete zu beginnen.«

Damals erwarb der Markgraf Georg Friedrich Karl das neben der Eremitage gelegene »Monplaisir« und schenkte es seiner Schwiegertochter Wilhelmine. Im August besuchte Friedrich Wilhelm I. seine Tochter in Bayreuth. Am 30. August wurde Wilhelmines einziges Kind, die Tochter Friederike Sophie (1732–1780) geboren, die nach der Scheidung ihrer Ehe mit Herzog Karl Eugen von Württemberg am 6. April 1780 kinderlos verstarb. Im Oktober fand der erste offizielle Besuch von Bruder Friedrich bei seiner Schwester in Bayreuth statt.

Nach dem Regierungsantritt ihres Mannes 1735 begann Wilhelmine trotz finanzieller Schwierigkeiten einen Musenhof in Bayreuth zu etablieren. Sie zog bedeutende Persönlichkeiten an und war an der Gründung der Erlanger Universität beteiligt. Sie malte, musizierte, komponierte und verfasste Opterntexte sowie Schauspiele, die unter ihrer Mitwirkung einstudiert wurden.

Am 7. Mai 1735 starb Markgraf Georg Friedrich Karl, der von seinem Sohn beerbt wurde. Zu ihrem Geburtstag erhielt Wilhelmine die Eremitage in Bayreuth geschenkt.

1737 übernahm die Markgräfin die Intendanz der Hofoper. Dort wurde drei Jahre später die von Wilhelmine komponierte Oper »Argenore« zum Geburtstag des Markgrafen aufgeführt. Sie holte ferner zahlreiche italienische Musiker nach Bayreuth, so G. A. Paganelli. 1738 wurde Daniel von Superville (1696–1773), von Kronprinz Friedrich vermittelt, Leibarzt am Bayreuther Hof und zugleich einflussreicher Berater der Markgräfin.

Im September 1743 besucht sie ihr Bruder erneut zusammen mit Voltaire, der ihr Briefpartner wurde und den sie bei ihren Besuchen in Berlin und Potsdam immer wieder traf. Wilhelmine und Voltaire spielten damals gemeinsam im Stück »Bajazet« von Racine. Am 20. September 1745 traf Wilhelmine in Emskirchen Maria Theresia, die sich auf dem Weg nach Frankfurt zur Kaiserkrönung ihres Mannes befand und von der sie in großer Verehrung sprach.

Die Markgräfin veranlasste eine Reihe qualitätvoller Bauten in und um Bayreuth: die Eremitage, das Neue Schloss und das Markgräfliche Opernhaus, das zwischen 1744 und 1748 von Joseph Saint-Pierre im italienischen Spätbarock erbaut und von Giuseppe Galli Bibiena ausgestattet wurde. Unter dem Titel »Das Markgräfliche Opernhaus und das Bayreuth der Markgräfin Wilhelmine – Die Idealwelt einer Frau zwischen Absolutismus und Aufklärung« bewirbt sich die Bayerische Schlösserverwaltung in Zusammenarbeit mit der Stadt Bayreuth um Anerkennung jenes Opernhauses und der weiteren originären baulichen Zeugnisse der Markgräfin Wilhelmine als UNESCO-Welterbe. Einen besonderen Rang nimmt die Markgräfin als Gartenkünstlerin ein. So gilt der Felsengarten »Sanspareil« als der älteste Landschaftsgarten auf dem Kontinent.

Im Herbst des Jahres 1754 traten Wilhelmine und ihr Gemahl eine fast einjährige Reise durch Südfrankreich und Italien an. Aus Rom schrieb Wilhelmine ihrem Bruder: »Mai 1755 – Ich bin noch stets dabei, das antike Rom zu besuchen… Wirst Du es glauben, dass unsere Ankunft die ganze Stadt in Bewegung gebracht hat? Ich soll Seine Heiligkeit in einem Garten treffen. Alles dreht sich um den Kniefall, den ich, wie ich deutlich erklärt habe, nie machen werde. Übrigens erweisen mir die Kardinäle und Botschafter die größten Aufmerksamkeiten.« 1755 diktiert sie ihrem Kammerherrn Carl Heinrich von Gleichen die »Souvenirs de Rome«.

Im Jahr 1758 marschierte das Bayreuther Kontingent mit der Reichsarmee gegen Friedrich den Großen. Am 14. Oktober 1758 erlitt er in der Schlacht bei Hochkirch eine schwere Niederlage. An diesem Tag starb Wilhelmine in Bayreuth. Als der König die Todesnachricht erhielt, rief er verzweifelt aus: »Das ist der entsetzlichste Schlag, der mich treffen konnte.« Friedrich II. ließ im Park von Sanssouci einen kleinen Freundschaftstempel errichten, geziert mit dem Marmorbildnis der geliebten Schwester Wilhelmine Markgräfin von Bayreuth.

LISELOTTE (ELISABETH CHARLOTTE) VON DER PFALZ

* 1652 in Heidelberg
† 1722 in Saint-Cloud

Herzogin von Orleans

> *»Sie war kräftig, mutig, überaus deutsch, ehrlich, aufrichtig, wohltätig und gut, vornehm und fürstlich in ihrem Auftreten, überaus kleinlich, handelte es sich um die ihr zukommende Stellung.«*
>
> (LOUIS DE ROUVROY DUC DE SAINT-SIMON)

»Ich muss wohl hässlich sein, kleine Augen, kurze dicke Nase, platte lange Lefzen, dass kann kein Gesicht formieren…«, so schrieb Liselotte von der Pfalz über sich selbst. »Dachsnase« nannte sie ihr Bruder Karl, der liebevolle Vater spottete über ihr »Bärenkatzenaffengesicht«. Sie war zwar gut gewachsen, ein bisschen kräftig vielleicht, konnte sich nie stillhalten und wurde in der Familie »dolle Hummel« genannt.

Prinzessin Elisabeth Charlotte wurde am 27. Mai 1652 als zweites Kind des Kurfürsten Karl Ludwig von der Pfalz und seiner Gemahlin Charlotte von Hessen-Kassel in Heidelberg geboren. Als sich ihr Vater, ihr »herzliebster Papa«, von der Mutter trennte, schickte er die siebenjährige Liselotte zu ihrer Tante väterlicherseits, Sophie von Hannover, auch um das Kind vor Familienstreitereien wegen seiner Geliebten zu schützen. Fast fünf Jahre verbrachte »Lilo« bei der von ihr angebeteten Tante, die dem Kind die Mutter ersetzte. Die Herzogin ließ ihrer lebhaften Nichte eine gute Erziehung zukommen. Nach vier Jahren wieder zurück in der Pfalz, führte sie ihr recht ungebundenes Leben weiter, erzogen im reformiert-calvinistischen Glauben, leidlich gezähmt von einer Gouvernante.

Obwohl sie die Pfalz nicht verlassen wollte, fügte sie sich dem väterlichen Willen und stimmte einer Heirat mit dem kurz vorher verwitweten Herzog Philipp I. von Orleans, »Monsieur«, dem jüngeren Bruder Ludwigs XIV., zu. Vor der

165

Trauung per procurationem in Metz am 16. November 1671 erfolgte der von Elisabeth Charlotte als reine Formsache betrachtete Übertritt zum katholischen Glaubensbekenntnis. In Châlons-sur-Marne begegnete Liselotte erstmals persönlich ihrem Gatten, dem von seinem regierenden Bruder in eine politisch bedeutungslose Rolle gedrängten Herzog.

Seit der Geburt ihres dritten Kindes Elisabeth Charlotte im Jahre 1676 lebten die in Charakter und Neigungen ungleichen Ehegatten getrennt, worüber Liselotte nicht unglücklich war. Ihre Liebe galt ihren Kindern, von denen sie das älteste noch vor seinem dritten Geburtstag verlor. Es waren vor allem Tuberkulose und Infektionen, welche die Kinder bedrohten. Liselotte schrieb: »… sie kommen einem gar zu sauer an. Und wann sie denn nur noch leben blieben, … allein wann man sie sterben sieht, als wie ich das traurige exempel dies jahr experimentiert, dann ist wahrlich keine lust darbei.« Sie beteuerte: »Ich habe das handwerck, kinder zu machen, gar nicht geliebt" und fügte hinzu: »Glücklich, wer nicht geheurat ist.« »Monsieur« lebte seine Homosexualität mehr als offen aus, was »Madame« im Jahr 1701 jedoch nicht daran hinderte, ehrlich um den verschiedenen Gatten zu trauern und fürchterliche Angst vor einer Verbannung ins Kloster zu haben.

Aufrichtige Bewunderung brachte Liselotte ihrem königlichen Schwager entgegen. Mit Ludwig XIV. verband sie die Freude an der Jagd, die Vorliebe für Theater und Oper, sowie das mit Kennerschaft betriebene Sammeln antiker Münzen und Medaillen. Trotz ihrer glänzenden Stellung bei Hofe spielte sie politisch keine Rolle. Vom Protokoll her nahm sie, die Herzogin von Orleans, den Rang der zweithöchsten Dame Frankreichs ein. Ambitionen in dieser Richtung hat sie sich ganz bewusst enthalten: »Ich habe mir selber Justice gethan und weilen ich wenig und gar geringe Opinion von meinem Verstande habe, die Partie genommen, mich in nichts Hohes noch was die Regierung angeht zu mischen.«

Als die 1685 von Ludwig XIV. in ihrem Namen erhobenen Erbansprüche auf pfälzische Gebiete zum »Pfälzischen Erbfolgekrieg« führten, intervenierte Liselotte vergebens bei ihrem Schwager gegen die systematische Verwüstung ihrer alten Heimat durch französische Truppen. Durch ihre mehr oder weniger offen gezeigte Abneigung gegen die Mätresse Madame de Maintenon hatte sie das besondere Wohlwollen des Königs zu diesem Zeitpunkt schon weitgehend verloren. In Liselottes Augen war die heimliche Gattin Ludwigs XIV. nur »die alte zot«. Als Ludwig am 1. September 1715 starb, saß Liselotte an seinem Sterbebett. Als er seine letzten Worte an sie richtete, war sie einer Ohnmacht nahe – vor Schmerz und vor Glück, denn er sprach: »Ich habe Sie immer geliebt, Madame, mehr als Sie selbst glauben.«

An die sechzigtausend Briefe soll die, einer manischen Briefeschreiberfamilie entstammende Liselotte von der Pfalz im Laufe ihres Lebens geschrieben haben. Sechstausend davon blieben der Nachwelt erhalten. Die Pfälzerin war bis an ihr Lebensende von einer geradezu obsessiven Mitteilungsfreude. Aber niemals dachte sie daran für die Nachwelt zu schreiben. Und gerade das macht ihre Briefe so authentisch, ihre Berichte so lebendig. Man amüsiert sich mit ihr, wenn sich die Kommunikation anlässlich einer durch das Protokoll erzwungenen familiären Reunion lediglich auf eine Furzerei von Eltern und Kindern beschränkt. Sie beklagt sich über die Verlogenheit bei Hof: »Ich wollt lieber, dass man mich heimlich schlüg, und dass ich danach quitt davon wär, als dass man so stichelt, wie man tut, denn das quält einem das Mark auf den Beinen und macht das Leben verdrießlich.« »Alles war deutsch an ihr!« schrieb der französische Sozialist Saint-Simon, ein Zeitzeuge, über sie.

Nach dem Tod des Königs im Jahre 1715 wurde Liselottes Sohn Philipp II. Herzog von Orleans Regent für den unmündigen Ludwig XV. Wenige Wochen nach der Krönung Ludwigs XV. starb Liselotte von der Pfalz am 8. Dezember 1722 in Saint-Cloud. Sie wurde in Saint-Denis bestattet. Niemand trauerte so um die gute Fürstin wie ihr Sohn, der nur zwölf Monate nach der Mutter im Alter von 49 Jahren starb.

Im Jahr 1793 befahl der Konvent, die Königsgräber zu öffnen und das Blei der Särge für die Verteidigung des Landes einzuschmelzen. Die Körper warf man in eine gemeinsame Kalkgrube. Das Haus Orleans dagegen überdauerte die Stürme der Zeit bis heute.

KÖNIGIN CHRISTINE VON SCHWEDEN

* 1626 in Stockholm
† 1689 in Rom

>*Sie erinnert überhaupt nicht an eine Frau,*
>*sondern ist mutig und verständig.«*

(KANZLER AXEL OXENSTIERNA)

Das 18. Jahrhundert war ein Jahrhundert regierender Frauen: Eingeleitet wurde es von der Königin Anna in England, den schwedischen Thron hatte für kurze Zeit Königin Ulrike Eleonore inne, in Russland gab es vier Zarinnen, und in Österreich herrschte Kaiserin Maria Theresia. In Schweden regierte Königin Christine, eine nicht allzu bedeutende Regentin, allerdings eine große Mäzenin der Wissenschaft und Kunst. »Sibylle des Nordens«, »die Zehnte Muse«, die »schwedische Pallas« sind einige der Beinamen, die sie bekam.

Christines Vater, König Gustav II. Adolf, fiel in der Schlacht bei Lützen im Jahre 1632, als er im 30–jährigen Krieg in Deutschland eingegriffen hatte und nach der Kaiserkrone trachtete. Den Thron erbte seine sechsjährige Tochter, deren Mutter, Marie Eleonore von Brandenburg, eine hysterische, unausgeglichene Frau war. Sie zwang das Kind, mit ihr in einem dunklen Zimmer zu leben und das Herz ihres einst so kriegerischen Vaters anzubeten. Immer wieder setzte das wissbegierige, begabte Kind ihre Erzieher in Stauen. Ihr Temperament war allerdings schwer zu zügeln. »Sie erinnert überhaupt nicht an eine Frau, sondern ist mutig und verständig«, urteilte Kanzler Axel Oxenstierna, Vorsitzender des Vormundschaftsrates, über sie.

Ab ihrem 16. Lebensjahr nahm die in Staatsrecht bestens unterwiesene Königin an den Sitzungen des Reichstags teil. Im Herbst 1650 fand in Stockholm die Krönung der 24–jährigen Christina zum »König« von Schweden statt, die mit außergewöhnlicher Prachtentfaltung gefeiert wurde. Ihr Reich umfasste die anliegenden Gebiete von Vorderpommern mit Stettin, Rügen, Usedom und Wollin, außerdem die Bistümer

Verden und Bremen, ebenso beherrschte sie die Ostsee. Mit dem Ende des 30-jährigen Kriegs fielen ihr sechs Millionen Taler Kriegsentschädigung zu. Am Westfälischen Frieden von 1648 hatte sie zudem erheblichen Anteil.

Eines ihrer Lieblingsprojekte war die Universität Uppsala, die sie großzügig mit Gebäuden und Büchern ausstattete. Sie holte den französischen Gelehrten René Descartes an ihren Hof und beauftragte ihn 1650 mit der Aufgabe, Richtlinien für ihre Akademie der Wissenschaften aufzustellen. Viele schrieben danach der Königin und ihrem allzu ehrgeizigen philosophischen Programm die Schuld am Tod des Philosophen zu, da sie ihn regelmäßig frühmorgens um 5 Uhr zu Gesprächen hatte kommen lassen, selbst im Winter, was seiner Gesundheit gar nicht bekam. Auch wurde sie aufgrund ihres philosophischen Eifers oft als Hermaphrodit bezeichnet. An ihren Hof holte sie den deutschen Historiker Freinsheim, den niederländischen Philologen Isaak Vossius und stand sowohl mit dem »Stern von Utrecht«, Anna Maria von Schurmann, als auch mit dem französischen Mathematiker und Philosophen Blaise Pascal in Verbindung. Dieser sandte ihr ein Exemplar der von ihm konstruierten Rechenmaschine. In dem Begleitschreiben zu diesem Geschenk schrieb er: »Regieren Sie also, unvergleichliche Fürstin, auf ganz neue Art, indem Ihr Genius sich sogar diejenigen untertan macht, die Sie nicht durch die Macht Ihrer Waffen unterworfen haben.«

Ihre Untertanen erwarteten von ihr eine baldige Heirat mit ihrem Cousin Carl Gustav. Um ihn als Generalkommandanten der Armee zu gewinnen, musste sie 1648 ein solches Versprechen abgeben, ließ ihn dann aber zu ihrem formellen Erben ernennen. Christines Abdankungszeremonie und Carl Gustavs Krönung 1654 fanden am selben Tag statt.

Christine verließ Schweden zu Pferd, mit kurzem Haar, als Mann gekleidet. Als letzte Rache an ihrem Vater, dem obersten Verteidiger der Protestanten, trat sie zum Katholizismus über. Nach ihrer Konversion in Innsbruck, am 3. November 1655, ritt die Tochter des »schwedischen Antichrist« am Weihnachtstag in Rom ein. Der Kirchenstaat bereitete ihr einen triumphalen Empfang. Papst Alexander VII. gab ihr bei der Firmung den Namen Alessandra, weil sie eine Vorliebe für Alexander den Großen hatte. Außerdem ließ er 214 goldene Münzen prägen, die auf der Vorderseite sein Porträt, und auf dem Revers den Einzug Christines in Rom trugen. Die verschenkten Münzen sollten in ganz Europa die Rückkehr der Königin Christine Alessandra von Schweden in den Schoß der allein seligmachenden Kirche verkünden und preisen. Christine erhielt vom Papst den Palazzo Farnese als Wohnsitz in Rom, wo sie zum absoluten Mittelpunkt der gelehrten Welt wurde. Ihre Stockholmer Sammlungen kamen ins Museum des Vatikans, wo sie Weltruhm erlangten.

1656 reiste sie in diplomatischer Mission nach Frankreich und besuchte das Land im darauf folgenden Jahr erneut. Mit französischer Unterstützung wollte sie Neapel von der Herrschaft der spanischen Krone befreien und für sich selbst gewinnen. In Paris residierte sie im Louvre und im Schloss Fontainebleau, herzlich empfangen von Kardinal Giulio Mazarin. 1674 gründete Christine in Rom die Accademia Reale.

In großer Zuneigung entbrannte sie zu dem aus altem Adel stammenden, äußerst gebildeten Kardinal Decio Azzolino. Im Auftrag des Papstes verwaltete Azzolino Christines Finanzen, konnte allerdings nicht verhindern, dass sie aufgrund ihres aufwendigen Lebensstils am Ende ihres Lebens stark verschuldet war.

Am 19. April 1689 starb Christine von Schweden nach langer Krankheit. Azzolino lebte selbst nur noch sieben Wochen. Ihr Wunsch war es, in der Rotunde des Pantheon begraben zu werden. Azzolino entschied, dass sie als erste ausländische Monarchin in den Grotten von St. Peter beizusetzen sei. Alles andere wäre »... ein Skandal und eine unendliche Schande Roms.« Eine Tafel in St. Peter in der Nähe des Denkmals der Mathilde von Tuszien erinnert an sie.

Bis heute findet sich Christinas Manuskriptsammlung in der vatikanischen Bibliothek als »Codices Reginenses Graeci et Latini«. Diese repräsentieren eine Periode römischer Geschichte, die heute noch von italienischen Historikern als »il seicento di Christina« bezeichnet wird.

Dorothea Erxleben

* 1715 in Quedlinburg
† 1762 in Quedlinburg

Erste deutsche Ärztin

>»..dass der Ehestand das Studieren des Frauenzimmers
nicht aufhebe, sondern dass es sich in Gesellschaft eines
vernünftigen Ehegatten noch vergnügter studieren lasse.«

(Dorothea Erxleben)

Da Frauen im Vergleich zu Männern »keine vollkommenen Menschen« waren, durften sie bis zum Beginn des 19. Jahrhunderts nicht als Studierende an Universitäten aufgenommen werden. Erst durch die Preußischen Reformen von 1908 musste sich die männliche Studentenschaft an Kommilitoninnen in der Alma Mater gewöhnen. Allerdings gab es schon vorher Frauen, die in männlich besetzte Ausbildungswege eindrangen. Das waren die französische »sexistische« Anatomin Marie Thiroux d'Arconville (1720–1805) und die preußische Dorothea Christiane Erxleben. Die erste deutsche Ärztin Dorothea Christiane Erxleben wurde am 12. Juni 1754 an der Universität Halle für »tüchtig erklärt, den Doktorhut zu bekommen.«

Ihre Gedanken für eine gleichberechtigte Ausbildung von Frauen hielt sie in ihrer Zulassungsarbeit unter dem Kapitel »Gründliche Untersuchung der Ursachen, die das weibliche Geschlecht vom Studieren abhalten« fest. Sie formulierte: »Wollte man sich nur die Mühe nicht verdrießen lassen, so viel Zeit auf die Unterweisung des weiblichen Geschlechts zu verwenden, als man der Unterweisung des männlichen Geschlechts widmet, so würde sich zeigen, dass solche Arbeit nicht vergebens angewendet worden und dass die Schuld nicht am Verstande des weiblichen Geschlechts, sondern an dem Mangel der Unterweisung gelegen, wenn dasselbe nicht so viel, als das männliche Geschlecht in denen Studiis geleistet.«

Der Lebenslauf von Dorothea Erxleben oder auch die Biographie der zweiten Trägerin eines Doktorhutes, Dorothea von Schlözer, liefern den Beweis für die Richtigkeit dieser These.

171

Nur durch die Tatsache, dass Dorotheas Vater, Christian Polycarpus Leporin, als tüchtiger Arzt und anerkannter Wissenschaftler seiner Tochter die gleiche Erziehung zukommen ließ wie ihrem Bruder, wurde der Grundstock für ihr späteres Studium gelegt. Der Vater führte beide in die Theorie und Praxis der Medizin ein.

Wenn sie mit ihrer Mutter Anna Sophia, geb. Meinecken, eine Pastorentochter, als junges Mädchen Hausarbeit zu verrichten hatte, versuchte sie immer nebenbei ein Buch zu lesen. Sie wollte sich durch nichts daran hindern lassen, sich eine gute Bildung anzueignen. Später schrieb sie über diese Zeit: »… je mehr ich glaubte, dass alle wohlgesitteten jungen Frauenspersonen in den Studiis eben so fleißig, als in Dingen, die Haushaltung betreffend, müssten unterwiesen werden.«

Dorotheas Wunsch, gemeinsam mit ihrem Bruder in Halle Medizin zu studieren, ging nicht in Erfüllung. Man lehnte sie dort als Frau ab. Sie ließ sich nicht beirren und richtete ein Bittschreiben an König Friedrich II. Nun hatte sie Erfolg, denn soviel Mut gefiel ihm: »Da dergleichen Exempel by dem weiblichen Geschlecht insonderheit in Deutschland etwas rar sind und demnach dieser casus demselben nicht zu geringer Ehre gereichen würde, woll er mit dem größten Vergnügen alles Mögliche zum glücklichen Fortgange der Candidatin beytragen.« Am 30. März 1741 wünschte das Preußische Departement der Geistlichen Affären, dass »diese beyden Candidaten«, Bruder und Schwester ihr Ziel, Studium und Promotion erreichten. Dieser Beschluss rief Zustimmung wie Empörung herauf.

Im gleichen Jahr wurde Dorothea die Ehefrau des verwitweten Pfarrers Hans Christian Erxleben. Als sie ihr Studium begann, hatte sie, wie könnte es anders sein, sämtliche Pflichten eines Pfarrhaushaltes zu übernehmen. Zu den fünf Kindern aus der ersten Ehe ihres Mannes kamen noch vier eigene dazu: Christian, Albert, Anna-Dorothea und Johannes. Sie hatte täglich einen Haushalt mit elf Personen zu versorgen. Sechs Jahre nach ihrer Heirat verstarb ihr Vater, der die Familie hoch verschuldet zurückließ. Dann erkrankte ihr Mann und nun begann Dorothea, noch immer ohne akademisches Diplom, als Ärztin zu praktizieren. Das rief die Mediziner auf den Plan, die sie anklagten, in einer »unverschämte Verwegenheit« Kranke zu behandeln und sich auch noch »Frau Doctorin« nennen zu lassen. Sie nannten Dorothea eine »medicinische Sybillis«, weil sie eine Person behandelt habe, ohne sie gesehen zu haben: »hexen können die medici nicht«.

Am 6. Januar 1754, nach der Geburt des vierten Kindes, bat sie um Zulassung zur Promotion und reichte ihre Dissertation ein. Das Thema hieß: »Academische Abhandlung von der gar zu geschwinden und angenehmen, aber deswegen öfters unsicheren Heilung der Krankheiten.« Sie vertrat darin die Ansicht, dass die Ärzte zu häufig unnötige Heilversuche unternähmen. Manche Ärzte verlangten zu schnell nach Eingriffen. Sie diskutierte die Anwendung von Abführmitteln, harntreibenden und menstruationsfördernden Medikamenten und den geeigneten Gebrauch von Opiaten.

Im Mai 1754 fand das Rigorosum statt. Der Dekan sprach in höchster Bewunderung von den Leistungen der Doktorandin. Die »Frau Candidatin« habe in lateinischer Sprache auf alle Fragen der Theorie wie auch zur Praxis mit »einer solchen Accuratesse und modesten Beredsamkeit« geantwortet und sich als »männlich« erwiesen. Am 12. Juni 1754 leistete Dorothea Erxleben ihren Doktoreid und hielt dann als erste Frau in Deutschland das Doktordiplom in Händen.

Ihre Arztkollegen, die sie lange genug als Pfuscherin bezeichnet hatten, wies sie in ihre Schranken. Sie übte ihren Beruf mit großem Erfolg und Engagement aus. Leider war ihr nur ein kurzes Leben beschieden. Bereits im Alter von 47 Jahren starb sie an Brustkrebs.

Zu Ehren der ersten promovierten deutschen Ärztin wurde 1987 eine Briefmarke für die »gar zierliche Jungfer aus Quedlinburg« herausgebracht.

KATHARINA II. DIE GROSSE

* 1729 in Stettin
† 1796 in Zarskoje Selo

Zarin von Russland

> »*Sie sind kein Nordlicht, Sie sind der hellste Stern*
> *des Nordens.*«
>
> (VOLTAIRE ZU KATHARINA II.)

Zarin Katharina II. von Russland war eine der bedeutendsten Herrschergestalten in der europäischen Geschichte. Ihre mehr als 30 Jahre dauernde Regierung leitete eine neue Phase des Aufstiegs Russlands zur europäischen Großmacht ein.

Am 2. Mai 1729 wurde in Stettin Prinzessin Sophie Auguste Friederike als älteste Tochter des Fürsten Christian August von Anhalt-Zerbst und der Prinzessin Johanna Elisabeth von Holstein-Gottorp geboren. »Ich weiß nicht, ob ich als Kind wirklich so hässlich war«, schrieb sie in ihren Memoiren, »doch ich erinnere mich, dass mir das oft gesagt wurde und man mir zu verstehen gab, ich sollte versuchen, Geist und andere Vorzüge zu erlangen. Das führte dazu, dass ich bis zu meinem vierzehnten oder fünfzehnten Lebensjahr überzeugt war, ein ziemlich hässliches Entlein zu sein und mich deshalb tatsächlich mehr bemühte, innere Vorzüge zu erwerben als mich auf mein Äußeres zu verlassen.«

Auf Einladung der Zarin Elisabeth kam Sophie 1744 nach Russland, um den russischen Thronfolger Peter, den Neffen der Zarin, zu heiraten. Nach ihrem Übertritt zur orthodoxen Kirche nahm Sophie, die rasch Russisch lernte und später sogar ihre persönlichen Tagesnotizen auf Russisch geschrieben hat, den Namen Jekaterina Alexejewna an. In ihren Memoiren äußert sie sich recht offen über ihre Gefühle gegenüber ihrem Bräutigam: »Ich kann nicht sagen, dass er mir gefiel oder dass er mir nicht gefiel, aber um ehrlich zu sein, ich glaube, mir lag an der russischen Krone mehr als an seiner Person. Er war damals sechzehn Jahre alt, recht gut aussehend, aber sehr klein und kindlich, und sprach mit mir nur über Soldaten und Spielzeug. Ich hörte ihm höflich zu und er genoss es, sich lange Zeit mit mir zu unterhalten. Viele Leute hielten dies für Zuneigung, aber in Wirklichkeit kannten wir untereinander nie die Sprache der Zärtlichkeit. Er dachte auch gar nicht daran, was mich offen gestanden nicht sehr zu seinen Gunsten einnahm.« Am 28. August 1745 wurde Katharina unter großer Prachtentfaltung mit dem Großfürsten Peter Feodorowitsch vermählt. Die Ehe mit dem psychopathischen Sadisten wurde ausgesprochen unglücklich. Ihr 1754 geborener Sohn, der spätere Zar Paul I., entstammte der Liebesbeziehung Katharinas zu Sergei Saltykow. Unter ihren zahlreichen Liebhabern und Günstlingen kam Grigori Potemkin eine besondere Rolle zu.

Nach dem Tod der Zarin Elisabeth (1761) bestieg Katharinas Gatte als Peter III. den Thron. Dank seiner politischen Unfähigkeit hatte die ehrgeizige Katharina, die als kluge Frau darauf bedacht gewesen war, sich die politischen Gepflogenheiten und Sitten des Landes zu Eigen zu machen, wenig Mühe, ihn mit Hilfe einflussreicher Petersburger Kreise und der kaiserlichen Garde zu stürzen. Am 28. Juni 1762 wurde Katharina durch diesen Staatsstreich zur regierenden Kaiserin proklamiert. Der zur Abdankung gezwungene Peter wurde ohne Katharinas Wissen am 6. Juli ermordet.

Als Regentin sehr arbeitsam, klug und tatkräftig, führte Katharina Reformen in Verwaltung und Rechtsprechung durch. Sie gründete mit dem Geheimen Staatsrat eine neue oberste Staatsbehörde und schuf die Gouvernement-Verfassung. Die innere Kolonisation förderte sie durch die Ansiedlung deutscher Siedler im Wolgagebiet. Zur Erstellung eines neuen Gesetzbuches berief sie 1767 die Gesetzgebende Kommission ein, die aber aufgelöst wurde, ohne die Arbeit abgeschlossen zu haben. Katharina selbst hatte eine Instruktion für die Kommission, den Nakas, verfasst. Ihr Versuch einer Bauernbefreiung scheiterte am Widerstand des Adels, zu dessen Gunsten sie sogar noch die bäuerliche Leibeigenschaft verschärfte.

Erfolgreicher war Katharina II. auf außenpolitischem Gebiet. Der geschickten Machtpolitikerin gelang es, Russlands Grenzen bedeutend nach Westen und Süden auszudehnen. In zwei Kriegen gegen die Türkei gewann die Zarin in den Friedensschlüssen von Kütschük Kainardschi (1774) und Jassy (1792) sowie durch die Eroberung der Krim (1783) die Küste des Schwarzen Meeres bis zum Dnjestr. In den drei »Polnischen Teilungen« erwarb sie den Hauptteil Polens und konnte 1795 Kurland dem russischen Reich einverleiben.

Die hochgebildete und begabte Katharina schrieb Komödien, historische Dramen sowie Märchen und gab die Zeitschrift »Von Allem Etwas« heraus. Ihre wichtigste literarische Leistung sind ihre Memoiren.

Katharina unterhielt einen regen Briefwechsel mit den führenden Vertretern der französischen Aufklärung, vornehmlich mit Voltaire. Auf ihre Einladung hin kam der Enzyklopädist Diderot für kurze Zeit nach Sankt Petersburg. Außer einer Gesellschaft zur Übersetzung fremdsprachiger Bücher gründete Katharina auch die Russische Akademie. Bemerkenswerterweise errichtete sie auch Höhere Schulen für Mädchen. Katharina II. legte auch den Grundstock für die berühmte Gemäldesammlung der von ihr in Sankt Petersburg gegründeten Eremitage.

Gegen Ende ihres Lebens erklärte die Zarin einem ihrer Minister: »Wenn ich hundert Jahre werden könnte, würde ich am liebsten versuchen, ganz Europa unter dem russischen Zepter zu vereinen. Aber ich habe nicht die Absicht zu sterben, bevor ich die Türken aus Konstantinopel vertrieben habe, den Stolz der Chinesen gebrochen und den Handel mit Indien aufgenommen habe.«

Ihre ungewöhnliche Anpassungsfähigkeit fasste Fürst Wjasemski so zusammen: »Peter der Große habe sich bemüht aus uns Deutsche zu machen, während eine Deutsche aus uns Russen machen wollte.«

KAISERIN MARIA THERESIA

* 1717 in Wien
† 1780 in Wien

Absolute Herrscherin: Königin von Ungarn und Böhmen, deutsche Kaiserin

»… sie hat ihrem Thron und ihrem Geschlecht Ehre gemacht. Ich habe mit ihr Kriege geführt, aber ich war nie ihr Feind.«

(FRIEDRICH DER GROSSE)

Kaiser Karl VI. und seine Gemahlin Elisabeth Christine von Braunschweig hatten ihr erstes Kind, einen Sohn, schon wenige Wochen nach der Geburt verloren. Das zweite Kind, die Tochter Maria Theresia, erblickte am 13. Mai 1717 in Wien das Licht der Welt. Die Prinzessin kam in die Obhut von ausgewählten Erzieherinnen, von denen die verwitwete Gräfin Charlotte Fuchs, liebevoll »Fuchsin« genannt, für die Persönlichkeitsentwicklung Maria Theresias von großer Bedeutung war.

Im Jahr 1717 erließ Maria Theresias Vater eine Staatsgrundsatzerklärung, die »Pragmatische Sanktion«, in der es vor allem um zwei Punkte ging: die Unteilbarkeit der österreichischen Monarchie und, falls kein männlicher Erbe vorhanden wäre, um die weibliche Erbfolge. Als der Kaiser 1740 für immer die Augen schloss, trat die Pragmatische Sanktion in Kraft. Aus der 23–jährigen, politisch wenig erfahrenen Erzherzogin von Österreich wurde eine absolute Herrscherin: Königin von Böhmen und Ungarn und schließlich deutsche Kaiserin. Ihr Gemahl, Franz Stephan von Lothringen-Toskana, wurde 1745 als römisch-deutscher Kaiser anerkannt und war somit ranghöher als seine Gemahlin; eine politische Funktion hatte er jedoch nicht.

Der starke Mann an der Seite der Kaiserin wurde im Jahre 1753 Staatskanzler Wenzel Anton Graf von Kaunitz. Maria Theresia vereinte Willensstärke und Staatsklugheit: Sie führte Reformen des Heeres, der Finanzen, der Verwaltung und auch des Schulwesens durch. So gilt sie als die Gründerin des Volksschulwesens in Österreich (1774). Von ihrem Regierungsantritt an hatte Maria Theresia ihr Reich gegen die Herrscher der Nachbarstaaten, besonders gegen den Preußenkönig Friedrich den Großen zu sichern. Dessen Angriff auf Schlesien löste den »Österreichischen Erbfolgekrieg« (1740–1748) aus, in dem Maria Theresia Schlesien sowie Parma und Piacenza verlor.

Nur wenige Jahre des Friedens waren Maria Theresia beschieden, bevor Friedrich II. 1756 überraschend in Sachsen einmarschierte. Dies führte zum »Siebenjährigen Krieg.« Obwohl es der Kaiserin gelang, Preußen einige Niederlagen zuzufügen, musste sie im Frieden von Hubertusburg (1763) endgültig auf Schlesien verzichten. Friedrich der Große schrieb über die Kaiserin: »...sie hat ihrem Thron und ihrem Geschlecht Ehre gemacht. Ich habe mit ihr Kriege geführt, aber ich war nie ihr Feind.«

Maria Theresia, in jungen Jahren sehr lebenslustig, wurde mit zunehmenden Alter »streng tugendhaft in ihrer Aufführung und getreu ihrem Ehebett«, was man von ihrem Gemahl, ihrer einstigen Jugendliebe, nicht behaupten konnte. Die Kaiserin kannte die jeweiligen Geliebten ihres Mannes sehr wohl, denn sie ließ ihn ständig überwachen. Das führte soweit, dass Maria Theresia 1747 eine »Commission des Chasteté«, eine Keuschheitskommission zur Bekämpfung und Verhinderung außerehelicher Beziehungen bei ihren Untertanen ins Leben rief. Die Sittenpolizisten hatten »herumstreunende Frauenspersonen« aufzuspüren und zu kontrollieren. Ab 1774 durfte kein weibliches Wesen mehr in einem öffentlichen Lokal arbeiten. Den Mädchen drohte die Strafe der Auspeitschung und der Einweisung in ein »Spinnhaus«, das wiederum gefürchteter war als ein Gefängnis. Mädchen, die im Gefängnis landeten, wurden zweimal im Jahr zusammengepfercht auf einen Donaukahn verladen und stromabwärts bis Temesvar gebracht. Dort erwartete sie Zwangsarbeit in urwaldähnlichen, kaum besiedelten Landstrichen. Die sittenstrenge Kaiserin ließ es auch zu, dass die kahl geschorenen Mädchen von Polizisten bis aufs Hemd ausgezogen, in einen Sack gesteckt, während des Sonntagsgottesdienstes vor einem Kirchentor angebunden, vom Pöbel mit Schmutz beworfen und von den Gerichtsknechten mit Ruten blutig geschlagen und anschließend aus der Stadt hinausgeworfen wurden. Das Volk, das aus allen Teilen der Monarchie nach Wien strömte, war damals bitterarm. Einen christlichen Hausstand zu gründen, wie die fromme Kaiserin es wünschte, war vielen überhaupt nicht möglich.

Berühmt ist Kaiserin Maria Theresia wegen ihrer warmherzigen Mütterlichkeit. »Man kann nicht genug davon haben« soll sie stets gesagt haben, wenn sie auf ihre 16 während 18 Ehejahren geborenen Kinder angesprochen wurde. Der Kinderreigen begann mit drei Töchtern, denen dann 1741 der sehnlichst erwartete Thronfolger Joseph folgte. Ein Jahr später kam wieder eine Tochter, Marie Christine, zur Welt, später die Lieblingstochter der Kaiserin. Fast alle Kinder hatten sich bei der Verheiratung politisch-dynastischen Plänen der Mutter zu fügen. So auch die 1755 geborene Tochter Maria Antonia, die 1770 als Fünfzehnjährige mit Ludwig Duc de Berry, dem späteren Ludwig XVI., vermählt wurde, um die Allianz zwischen Frankreich und Österreich zu festigen. Königin Marie Antoinette, strahlender Mittelpunkt am Hof in Paris, aber auch verhasste »Autrichienne« (Österreicherin) endete tragisch auf dem Schafott. Ihre Mutter musste dies nicht mehr miterleben.

Maria Theresia regierte 40 Jahre. Sie galt als die »Schwiegermutter von halb Europa« – geliebt, geachtet und vom Volk verehrt. Ihr Reich umspannte deutsches, ungarisches, böhmisches, niederländisches, italienisches, polnisches und kroatisches Land und Volk.

Als ihr Mann, ihr geliebter »Franzl«, im Alter von 56 Jahren starb, ernannte sie ihren Sohn Joseph, den späteren Kaiser Joseph II., zum Mitregenten. Maria Theresia schloss am 29. November 1780 ihre Augen für immer. Sie wurde in der Kapuzinergruft, der Grabstätte der Habsburger in Wien beigesetzt.

Auf den Tod der Kaiserin.
Sie machte Frieden! Das ist mein Gedicht.
War ihres Volkes Lust und ihres Volkes Segen,
und ging getrost und voller Zuversicht
dem Tod als ihrem Freund entgegen.
Ein Welt-Eroberer kann das nicht.
Sie machte Frieden! Das ist mein Gedicht...

(MATTHIAS CLAUDIUS)

MARQUISE DE POMPADOUR

* 1721 in Paris
† 1764 in Paris

Mätresse von König Ludwig XV.

»Soviel ich gesehen, liebte sie der König wie keine andere,
und mit Recht. Als Mätresse war sie liebenswerter als alle.«

(PRINCE DE CROY)

Als König Ludwig XV. von Frankreich 1745 Jeanne-Antoi-nette Le Normant d'Etoiles kennen und lieben lernte, begann der unerhörte Aufstieg der aus der Pariser Bourgeoisie stammenden jungen Frau zu einer Schlüsselfigur der französischen Politik, Kunst, Kultur und Gesellschaft in der ersten Hälfte des 18. Jahrhunderts. Sie erhielt Zugang zum Hof und den Rang der Maitresse »en titre« des Königs, der sie zur Marquise de Pompadour erhob. Dufort de Cheverny beschrieb sie folgendermaßen: »Groß, aber nicht zu groß für eine Frau, herrlich gewachsen, hatte sie ein rundes Gesicht, regelmäßig in jedem Zug. Teint, Hände und Arme waren wunderschön, die Augen eher klein, aber von so viel Glanz und Geist und Feuer, wie ich bei Frauen nie gesehen habe. Nichts an ihr war eckig, alle Formen, jede Bewegung abgerundet. Sämtliche Damen bei Hof, unter denen manche sehr schön waren, stellte sie in den Schatten.«

Am 29. Dezember 1721 in Paris als Tochter des Kutschers und späteren Heerslieferanten François Poisson und der Madeleine de la Mitte geboren, erhielt Jeanne-Antoinette durch den reichen Liebhaber ihrer Mutter, den Generalpächter Le Normant de Tournehem, eine ausgezeichnete Erziehung. Kein Geringerer als Crébillon-Père, der Tragödiendichter, führte sie in die Kunst der Rezitation, des Versesprechens ein. Jeanne-Antoinette wurde im März 1741 mit dessen Neffen Charles-Guillaume Le Normant d'Etoiles verheiratet. Nach der Bekanntschaft mit Ludwig XV. ließ sie sich Ende des Sommers 1745 von ihrem Ehemann scheiden, mit dem sie zwei jung verstorbene Kinder hatte. Der König hatte sie gebeten, Wohnung in Versailles zu nehmen und ließ die Räume herrichten, die von der verstorbenen Herzogin von Châteauroux, der letzten Mätresse, bewohnt worden waren. 1756 wurde die Pompadour sogar zur Hofdame der Königin ernannt, ein Amt, das sonst nur dem höchsten Adel vorbehalten war. Während der 20 Jahre am Hof hatte die kluge Pompadour ein sehr herzliches Verhältnis zur Königin. Madame de Pompadour bereitete die Dossiers des Königs für die Minister vor, die in ihr Appartement kommen mussten.

In ihrer ständigen Sorge, den König an eine jüngere Frau zu verlieren, griff sie zu Mitteln, die ihren Freundinnen bei Hof bedenklich erschienen. Solange es sich nur um Vanille in der Morgenschokolade, um Trüffel oder Selleriesuppen handelte, war gegen diese aphrodisische Diät nichts einzuwenden. Doch dann griff die Pompadour zu Pillen, um ihr »sehr kühles Temperament« aufzuputschen. Nachdem ihr eine Kammerfrau lange ins Gewissen geredet hatte, versprach sie unter Tränen, darauf in Zukunft zu verzichten. Kinder gingen aus der Beziehung zum König nicht hervor, allerdings einzelne Fehlgeburten zwischen 1746 und 1749.

Wenige Jahre nach ihrem Einzug in Versailles diktierte die Pompadour den »bon ton« der Lebensführung und war maßgebend in allen Modefragen. Es ist anzunehmen, dass die Pompadour den so genannten »Hirschpark« – einen einzigartigen Harem minderjähriger Mätresschen – in einem Viertel von Versailles geduldet hat, um den König erotisch zu beschäftigen und die Gefahrenquellen auszuschalten, dass er ihrer überdrüssig und eine neue Mätresse en titre am Hof erschiene. Der König verging sich dort an Mädchen, die noch so jung waren, dass Ludwig sie zu Gebeten anleitete und sich in einer seltsamen väterlich-libidinösen Zwitterrolle gefiel.

Die Pompadour entwickelte sich zu einer Mäzenin der Wissenschaftler. Schützend hielt sie ihre Hand über die Enzyklopädisten Diderot und d'Alambert. Besonders der Schriftsteller und Philosoph Voltaire verdankte ihr viel: Durch ihre Fürsprache wurde er zum königlichen Historiographen ernannt. Die Marquise hat mit ihrem herausragenden Kunstgeschmack und den finanziellen Möglichkeiten eine ganze Epoche geprägt, die als »Style Pompadour« in die Kunstgeschichte eingegangen ist. Als Maler war hauptsächlich François Boucher für sie tätig, der das bedeutendste Porträt von ihr schuf (Alte Pinakothek in München). Daneben war sie, unter Anleitung von Boucher, selbst als Künstlerin tätig und hat großartige Grafiken geschaffen. Aber auch Jean-Marc Nattier, Jean-Baptiste Oudry, François-Hubert Drouais, Charles-Antoine Coypel, Carle Vanloo u.a. Maler haben für Madame de Pompadour gearbeitet.

Für die zahlreichen Appartements, Palais und Schlösser, wie Versailles, Bellevue, Champs, Crécy, Evreux und Ménars, um nur einige zu nennen, die von der Marquise gekauft, eingerichtet und bewohnt wurden, schufen Bildhauer wie Falconet, Bouchardon oder Pigalle Bildwerke, andere Hofkünstler wiederum Tapisserien, Möbel, Bronzen und anderes Kunstgewerbe. Besonders die Porzellanmanufakturen von Sèvres und Vincennes wurden von der Pompadour sehr gefördert.

Auch die politischen Entscheidungen Ludwigs XV. verstand die intelligente Marquise zu beeinflussen. Von König Friedrich II. von Preußen mit bösem Spott bedacht, leitete sie 1756 den Anschluss Frankreichs an Österreich gegen Preußen in die Wege, was zur Umkehrung des europäischen Bündnissystems führte und zum Siebenjährigen Krieg beitrug. Selbst Kaiserin Maria Theresia korrespondierte mit ihr, sandte ihr Geschenke, nicht nur aus politischer Taktik, sondern weil sie Friedrich den Großen ebenso verabscheute wie die Pariserin, die ihn einen »Attila« nannte. Eine wenig glückliche Hand bewies die Pompadour allerdings während des Krieges bei der Ernennung der französischen Heerführer. Außerdem war sie beteiligt an der Berufung des Duc de Choiseul-Amboise zum Außenminister.

Der frühe Tod seiner Mätresse am 15. April 1764 schockierte den König. Als der Sarg Versailles verließ, um nach Paris gebracht zu werden, war das Wetter sehr schlecht. König Louis XV. soll gesagt haben: »Die Marquise hat kein schönes Wetter für ihre Reise.«

Ein modisches Accecoires unserer Großmütter erinnerte lange an die kluge Marquise: das Handtäschchen Pompadour.

ANGELIKA KAUFFMANN

* 1741 in Chur
† 1807 in Rom

Kosmopolitische Schweizer Malerin

»Bei aller demütigen Engelsklarheit und Unschuld ist sie
vielleicht die kultivierteste Frau in Europa.«

(JOHANN GOTTFRIED HERDER)

Maria Anna Angelika Catharina Kauffmann kam am 30. Oktober 1741 als einziges Kind des Malers Joseph Johann Kauffmann aus Schwarzenberg in Vorarlberg und seiner zweiten Frau Cleopha Luz in Chur zur Welt. Schon früh zeigte sich ihr malerisches Talent. Neben der künstlerischen Ausbildung bei ihrem Vater kopierte sie zur Vervollständigung ihrer Malkenntnisse die Werke alter Meister. Die als Wunderkind geltende Angelika unterstützte schon als Sechsjährige den Vater bei seiner Arbeit. Nach dem frühen Tod der Mutter 1758 schlossen sich Vater und Tochter noch enger aneinander. Ihr Vater nahm eine Einladung des Grafen Montfort auf sein Schloss Tettnang am Bodensee an, wo Angelika die Idylle des Rokoko kennen lernte. 1762 brachen Vater und Tochter nach Rom auf.

Angelika Kauffmann lernte dort den Archäologen Johann Joachim Winckelmann kennen, der sie in die Welt der Antike einführte, und den sie porträtierte. Mit diesem Porträt des Archäologen, gemalt im Erscheinungsjahr seiner »Geschichte der Kunst des Altertums« 1764, machte sie Furore.

Großen Einfluss auf ihr Schaffen übte außerdem der in Rom tätige Maler Anton Raphael Mengs aus. Ihre Werke waren seitdem von klassizistischer Gemessenheit, in die aber noch die Leichtigkeit einer nicht völlig abgelegten Rokokomalerei einfloss.

Angelika Kauffmann bekam in Rom viele Porträtaufträge, vor allem von reichen Engländern. Auf Drängen der mit ihr eng befreundeten Lady Wentworth, ging sie 1766 nach London, wohin ihr Vater bald nachfolgte. Schon Mitglied der berühmten italienischen Kunstakademien von Bologna, Florenz und Rom, wurde sie 1768 zusammen mit ihrem Freund Joshua Reynolds Gründungsmitglied der Royal Academy, in der sie neben Mary Moser zweihundert Jahre lang die einzige weibliche Künstlerin blieb.

Die liebenswürdige Künstlerin fand rasch Aufnahme in die Londoner Gesellschaft und wurde mit Aufträgen überhäuft. Die insgesamt fünfzehn Jahre, die sie in London verbrachte, bildeten den künstlerischen Höhepunkt ihrer Karriere. Bei ihren Einzelporträts und Gruppenbildnissen ließ sie sich von den führenden englischen Porträtisten Gainsborough und Joshua Reynolds beeinflussen. Sir Reynolds, der sich von ihr malen ließ, machte ihr einen Heiratsantrag, den sie aber ablehnte. Stattdessen heiratete Angelika Kauffmann 1767 den angeblichen schwedischen Grafen Horn, der sich aber als ein geldgieriger Betrüger entpuppte. Unter großen finanziellen Verlusten ließ sie sich ein Jahr später scheiden.

Auf Wunsch ihres Vaters heiratete sie im Sommer 1781 den 15 Jahre älteren venezianischen Maler Antonio Zucchi. Wenige Tage nach der Hochzeit verließen sie gemeinsam mit Angelikas Vater London, um über Belgien zunächst nach Schwarzenberg und dann nach Venedig zu Zucchis Familie zu reisen.

Im Januar 1782 starb Joseph Johann Kauffmann. Bald darauf siedelte das Ehepaar Zucchi nach Rom über, wo es den ehemaligen Palast von Anton Raphael Mengs in der Via Sistina 72 bei der Spanischen Treppe kaufte. Ihr Salon entwickelte sich bald zum Mittelpunkt einer kosmopolitischen Gesellschaft. Gäste waren neben vielen anderen auch die Herzoginnen Amalie von Weimar und Luise von Anhalt-Dessau, Kaiser Joseph II. und Kronprinz Ludwig von Bayern.

Angelika Kauffmann wurde auch Goethes Vertraute. »Es war herkömmlich geworden«, schrieb er in der »Italienischen Reise«, »dass sie Sonntag und Mittag mit ihrem Gemahl und Rat Reiffenstein bei mir vorfuhr und wir sodann mit möglichster Gemütsruhe uns durch eine Backofenhitze in irgendeine Sammlung begaben, dort einige Stunden verweilten und sodann zu einer wohlbesetzten Mittagstafel bei ihr einkehrten. Es war vorzüglich belehrend, mit diesen drei Personen, deren eine jede in ihrer Art theoretisch, praktisch, ästhetisch und technisch gebildet war, sich in Gegenwart so bedeutender Kunstwerke zu besprechen.« Goethe las ihr aus »Iphigenie«

vor, und sie half ihm beim Malen. Für Goethe hatte Angelika Kauffmann »ein unglaubliches und als Weib ungeheures Talent«. Ausgerechnet sein eigenes Porträt von ihrer Hand, das in Weimar hängt, hielt er für misslungen, denn sie malte ihn, wie Herder sagte, »zarter als er ist.« Zu diesem entwickelte sich eine tiefe Freundschaft. Über sie schrieb er nach Weimar: »Jetzt, da ich seit meiner Reise nach Neapel klarer sehe und eine ruhigere Seele habe, ist mir diese Frau über alles, was in und um Rom ist, teuer.« Über ihre Kunst urteilte er: »In der Komposition ist die ihr eingeborene Grazie der Charakter ihrer Menschen.« Die Künstlerin wurde auch mit Anna-Amalie von Sachsen-Weimar bekannt.

Leider starb Antonio Zucchi 1795, der seiner Frau alle nicht-künstlerischen Aufgaben abgenommen und sie bei ihrer Arbeit unterstützt hatte. Nach seinem Tod verließ Angelika Kauffmann Rom nur noch zu kurzen Aufenthalten in Neapel und im Jahr 1802 zu einer Erholungsreise nach Como.

Zwei Historienbilder sind im Auftrag der Königin von Neapel entstanden und gingen als Geschenk an ihre jüngere Schwester: »Cornelia, Mutter der Gracchen« und »Tulia, die Gemahlin des Pompejus, fällt in Ohnmacht«, zwei weibliche Heldinnen der Römischen Republik.

Am 5. November 1807 starb Angelika Kauffmann in Rom und wurde in der Kirche Sant' Andrea delle Fratte beigesetzt. Große Künstler, darunter der Bildhauer Antonio Canova, hielten das Bahrtuch. Neben ihrem Sarg wurden stolz zwei ihrer großen Bilder als Schaustücke mitgetragen. Fünfzig Priester und fünfzig Kapuziner gaben das Geleit, das Volk und Künstler, dabei auch die Mitglieder der römischen Accademia di San Luca, welche die Verstorbene, die weibliche Ausnahmeerscheinung, schon Mitte zwanzig als Ehrenmitglied aufgenommen hatte.

Im November 2007 wurde der 200. Jahrestag dieses Begräbnisses begangen – für den kleinen Ort Schwarzenberg Anlass zur Heimholung seiner großen Künstlerin nach Vorarlberg. In Schwarzenberg malte Angelika Kauffmann im Alter von sechzehn Jahren als Assistentin ihres mäßig begabten Vaters die Pfarrkirche aus. Obgleich die Apostelköpfe, deren Freskierung die kleine Malerin übernahm, bloß Kopien nach Vorlagen des Venezianers Piazetta waren, versah sie den Matthäus-Kopf schon mit ihrer Signatur. Für dieselbe Kirche fertigte Angelika Kauffmann (um 1800) ganz am Ende ihres Lebens – reich und berühmt – das große Hochaltarbild »Maria Krönung« an, eine Marienszene als Ausdruck ihrer Verbundenheit mit der Region. Sie selbst malte sich mehrmals in der Tracht der Bregenzwälderin um ihre Herkunft zu dokumentieren. Die deutsch-dänische Dichterin Friederike Brun, Kauffmanns Empfindsamkeitskollegin, meinte: »Früh kam sie aus dem Alpenthale weg, von dem aber für immer süße Bilder und Geist blieben.«

Auswahlbibliographie

Affelt, Werner und Kuhn, Annette, Frauen in der Geschichte VII., Band 7, 1. Aufl, Düsseldorf 1986

Anderson, Bonnie S. und Zinsser, Judith P., Eine eigene Geschichte. Frauen in Europa, Zürich 1993

Apignanensi, Lisa und Forrester, John, Die Frauen Sigmund Freuds, München 1994

Ariès, Philippe and Duby, Georges (Hg.), A History of Private Life. Passions of the Renaissance, Harvard 1989

Augsburger Frauenlexikon, hg. von Edith Findel u.a., Augsburg 2006

Bertini, Ferruccio (Hg.), Heloise und ihre Schwestern. Acht Frauenporträts aus dem Mittelalter, München 1991

Bischoff, Cordula (Hg.), Frauenbilder, Stadtbilder, Kunsthistorische Spurensuche in Trier, Trier 1995

Borzello, Frances, Wie Frauen sich sehen. Selbstbildnisse aus fünf Jahrhunderten, München 1998

Bubenik-Bauer, Irsi und Schalz-Laurenze, Ute (Hg.), »... ihr werten Frauenzimmer, auf!« Frauen in der Aufklärung, Frankfurt am Main 1995

Cardini, Franco, The Medici Women, Firenze 1997

Duby, Georges und Perrot, Michelle, Geschichte der Frauen im Bild, Frankfurt am Main 1995

Duby, Georges, Mütter, Witwen, Konkubinen. Frauen im zwölften Jahrhundert, Frankfurt am Main 1997

Duda, Sibylle und Pusch, Luise F. (Hg.), Wahnsinns Frauen, 2 Bde., Frankfurt am Main 1996

Dülmen van, Andrea, Frauen. Ein historisches Lesebuch, 3. Aufl., München 1990

Ennen, Edith, Frauen im Mittelalter, München, 2. Aufl., München 1985

Fedorowski, Wladimir, Die Zarinnen. Russlands mächtige Frauen, München 2004

Feuerstein-Praßer, Karin, Die deutschen Kaiserinnen 1871–1918, Regensburg 1997

Feyl, Renate, Der lautlose Aufbruch. Frauen in der Wissenschaft, 3. Aufl., Frankfurt am Mai 1989

Flake, Otto, Große Damen des Barock, Frankfurt am Main 1981

Garb, Tamar, Frauen des Impressionismus. Die Welt des farbigen Lichts, Stuttgart und Zürich 1987

Gerhard, Ute, Frauen in der Geschichte des Rechts. Von der Frühen Neuzeit bis zur Gegenwart, München 1997

Greer, Germaine, Das unterdrückte Talent: die Rolle der Frau in der bildenden Kunst, Berlin, Frankfurt am Main, Wien 1980

Grettner, Susanne und Pusch, Luise F., Berühmte Frauen, 2 Bde., Frankfurt am Main 1999f

Größing, Sigrid-Maria, Die Heilkunst der Philippine Welser. Aussenseiterin im Hause Habsburg, Augsburg 1998

Hahn, Barbara, Frauen in der Kulturwissenschaft. Von Lou Andreas-Salomé bis Hannah Arendt, München 1994

Härtel, S. und Köster, M. (Hg.), »Ich werde niemand zu Füßen liegen«. Acht Künstlerinnen und ihre Lebensgeschichte, Weinheim und Basel 1999

Hausen, Karin (Hg.), Frauen suchen ihre Geschichte, 2. Aufl., München 1987

Hildebrandt, Irma, Frauen mit Elan, Kreuzlingen/München 2005

Hoffmann, Gabriele, Frauen machen Geschichte. Von Kaiserin Theophanu bis Rosa Luxemburg, Bergisch-Gladbach 1995

King, Margaret L., Frauen in der Renaissance, München 1993

Köster, M. und Härtel, S. (Hg.), »Sei mutig und hab Spaß dabei«. Acht Künstlerinnen und ihre Lebensgeschichte, Weinheim und Basel 1998

Krempel, Ulrich und Mayer-Büser, Susanne, Garten der Frauen. Wegbereiterinnen der Moderne in Deutschland 1900–1914, Hannover 1996

Krichbaum, Jörg und Zondergeld, Rein A., Künstlerinnen. Von der Antike bis zur Gegenwart, Köln 1979

Kuhn, Annette (Hg.), Die Chronik der Frauen, Dortmund 1992

Kuhn, Annette und Rüsen, Jörn (Hg.), Frauen in der Geschichte II, Band 8, 2. Aufl., Düsseldorf 1986

Kuhn, Annette und Schneider, Gerhard (Hg.), Frauen in der Geschichte, Band 6, 3. Aufl., Düsseldorf 1984

Leitner, Thea, Skandal bei Hof, München 1997

Lörzer, Sven, Große Frauen unserer Zeit, Bindlach 1992

Mafai, Miriam, Le donne italiane. il chi è del '900, Milano 1993

Marko, Gerda, Das Ende der Sanftmut. Frauen in Frankreich 1789-1795, München 1993

Marseille, Jacques und Laneyrie-Dagen, Nadeije (Hg.), Les grands événements de l'histoire des femmes, Paris 1993

Miles, Rosalind, Weltgeschichte der Frau, 2. Aufl., München 1995

Panzer, Marita A., Englands Königinnen. Von den Tudors zu den Windsors, Regensburg 2001

Polt-Heinzl, Evelyne (Hg.), Frauen beschimpfen Frauen, Leipzig 1997

Preußen von, Friedrich Wilhelm, »… solange wir zu zweit sind.« Friedrich der Große und Wilhelmine Markgräfin in Briefen, Heckmann-Janz, Kirsten und Kretschmer, Sibylle (Hg.), München 2003

Pusch, Luise (Hg.), Berühmte Frauen Kalender 1995ff.

Pusch, Luise (Hg.), Handbuch für Wahnsinnsfrauen, Frankfurt am Main 1994

Ross, Ishebel, Charmers and Cranks. American Women who defied the Conventions, New York 1965

Sadie, Stanley, und Latham, Alison, Das Cambridge Buch der Musik, 11. Aufl., London 1996

Schad, Martha, Die Frauen des Hauses Fugger, München 2000

Schad, Martha, Frauen, die die Welt bewegten, Sonderausgabe München 2000

Schauber Vera und Schindler, Michael, Heilige und Namens-
   patrone im Jahreslauf, Augsburg 2003
Schenk, Herrad, Frauen kommen ohne Waffen. Feminismus
   und Pazifismus, München 1983
Schiebinger, Londa, Schöne Geister. Frauen in den Anfängen
   der modernen Wissenschaft, Stuttgart 1993
Schreiber, Hermann, Mätressen der Weltgeschichte, Augsburg
   2003
Schuller, Wolfgang, Frauen in der Römischen Geschichte,
   München 1992

Treffer, Gerd, Die französischen Königinnen. Von Betrada bis
   Marie Antoinette, Regensburg 1996

Utrio, Kaari, Evas Töchter. Die weibliche Seite der Geschichte,
   Hamburg-Zürich 1987

Wagner, Renate, Heimat bist Du großer Töchter. Österreiche-
   rinnen im Laufe der Jahrhunderte, Wien 1992
Weber-Kellermann, Ingeborg, Frauenleben im 19. Jahrhundert,
   München 1988
Windgassen, Antje, Im Bund mit der Macht. Die Frauen der
   Diktatoren, Frankfurt am Main 2002